「死後生」を生きる

人生は死では終わらない

柳田邦男

文藝春秋

「死後生」を生きる

人生は死では終わらない

目次

4章 わが心に生きる先人たちの「死後生」

カバー写真　柳田邦男
装幀　関口聖司

1章

「死後生」という希望の発見

——人の生きた証は死後に立ち上がる

「さよなら」の重要性

私が事故・災害・病気による「生と死」の問題を、取材・執筆のメイン・テーマにして作品執筆に取り組み始めたのは、一九七〇年代からでした。

多くの人々にとって、事故や災害による死の場合は、自分がそうした事態に巻き込まれるとは予想もしていなかったことが多いため、いのちを奪われる者にとっても、遺される者にとっても、心の準備がなく（つまり「さよなら」を言い交わす機会もなく）、死別という悲しみを背負うことになります。

病死の場合、がんのようにじわじわと進行するケースでは、旅立つ者も遺される者も、心の準備をする時間を持てることが多いのですが、脳卒中や心臓麻痺のケースでは、「さよなら」の言葉を交わすゆとりがないことが多いです。

特に最近におけるコロナ感染症死では、感染防止のために、患者への家族の面会が規制され、患者・家族の心ゆくまでの別れの場が与えられないケースが少なくありませんでした。そうした状況が気づかせてくれたのは、人があの世に旅立つとき、死にゆく者と遺される者の「さよなら」のかたちがいかに重要かということでした。

「誰のいのちか」という視点

「死とは何か」、言い換えるなら「いのちとは何か」と、突きつめて考えますと、人間の「いのち」には、生物学的な「生命」と精神性（感情を含む）の「いのち」という、二つの側面があります。後者の精神性の「いのち」こそ、人間と他の生きものとの違いを決定的に示すものです。

さらにその「いのち」というものを、「誰のいのちか」という視点で整理すると、「いのち」の姿が、リアルに感じられるようになります。

「誰のいのちか」とは、「私」「あなた」「彼・彼女」、つまり一人称、二人称、三人称という「いのち」の人称性の違いです。

その違いが実生活において、具体的にどのようなかたち（意味づけ）の違いをもたらすかを表にすると、次ページのようになります。表では、「いのち」をより具体的にイメージしやすくするために、「生と死」という用語で表記します。

例えば、重病の患者さんの立場に立って考えると、一人称の本人は「あと何日生きられるのか」「財産分けはどうしよう」といった問題に直面する。これに対し、「二人称のいの

人称性による「生と死」の具体的なかたちの違い

(1) 一人称の「生と死」

- 人生の最終章の生き方
- 医療の選択（病院、ホスピス、施設、在宅）
- リビング・ウイル

(2) 二人称の「生と死」

- ケア、介護の務め
- 死別後のグリーフワーク
- 遺された後の新しい生き方

(3) 三人称の「生と死」

- 「いのち（生と死）」を対象化して客観的に対応する
（医療者、科学者、研究者、法律家、行政官、施設の職員等）
- 親友、身近な親戚等の場合は、感情の動きが二人称に近くなる

ち」は、家族や恋人など大事な人があと少しでこの世を去るという視点ですね。経済的なことも含めて、「この人がいなくなったらどうやって生きていこう」といった、一人称とはまた違う問題に直面します。一方、患者の体や臓器を見て「こういう治療をします」という医師は、基本的に三人称の視点です。

能登半島地震の報道で感じたのは、政府あるいは行政は三人称の視点だということです。テレビ番組で、歴代の総理大臣が地震発生何日後に被災地に行ったかを比較していましたが、二日後や四日後などが並ぶなか、岸田文雄総理（当時）は十三日後だった。これは単なる数字の問題ではありません。政治家や官僚というのは、往々にし

て三人称になってしまうことの表れです。「全体で被災者はどれくらいなの?」とか「死者は何人?」といった統計的な見方が先になると、事態の緊急性、重大性が身に染みてわかることにならない。

「二・五人称の視点」の提唱

「生と死の人称性」という「いのち」の捉え方は、これまで日本の生命論や哲学の分野ではあまり論じられたことがありませんでした。私がこの問題に注目するようになったのは、息子・洋二郎の自死がきっかけでした。

息子は当時二十五歳で、心を病み、自らいのちを絶とうとして、心肺停止状態になりました。救命措置によって、人工呼吸器をつけて、酸素を注入、血液循環を回復させましたが、意識は戻らず脳死状態になりました。

息子が亡くなった一九九三年の少し前に首相の諮問機関として設置された脳死臨調(臨時脳死及び臓器移植調査会)が、「脳死は人の死と見做す。脳死状態になったら心臓などを取り出していい」という見解を示していました。私はそれ以前から脳死の問題に関心があって、専門の医学書などを読んでいたので、「脳は人間の神経や思考力や生物学的生態などの中枢センターだから、そこが機能しなくなったら、人格がない。となると、生きた人格のある人間とはいえないのではないか」という考えのもと、脳死は人の死だと受け止めていました。

ところが、いざ自分の息子がその状態になると、「脳死は人の死」だなんて、全く思えない。脳死状態でも、息子は汗をかく、ひげが生える、おしっこをする、看護師も一所懸命、体をきれいにしてくれる。眠っているときと変わらない、むしろしっかりとした生気を感じる。意識がないだけで死んだといえるのか。脳死って何なんだと、様々な思いが渦巻きました。

声をかけると、いのちが躍動するような、何か伝わってくるものがありましたし、口はきけなくても、ずっと魂で会話をしていました。この経験から、私は、「科学や知識だけで人間のいのちを捉えたら、とんでもない間違いを犯しかねない」と痛感しました。そして、はじめて、いのちの人称性、つまり「誰のいのちなのか」という視点で考えないと、いのちの本当の大切さはわからないと気づかされたのです。

私は二十年ほど前から、政治・行政や医療・福祉に携わる人たちの基本的なものの見方や業務観として、「二・五人称の視点」を提言しています。特に救援活動をする自衛隊や消防署員、医療従事者といった職業人たちは、被災者の皆さんの大変さ、苦しみを我が身の問題としてしっかり考える必要がある。「これが自分の家族だったら、わが家のことだったら」という被災者・被害者に寄り添う意識で見つめるなら、自分の立ち居振る舞いは、よりヒューマニティに満ちたものになるでしょう。

しかし、感情移入し過ぎるとバーンアウト（燃え尽き症候群）してしまうから、ある程度距離を持って冷静に、科学性や客観性を維持しながら活動しなければいけない。三人称の他人事ではいけないけれど、一人称、二人称になるのとも違う。そこで、「二・五人称の視点」という用語をつくりました。

「死後生」への気づき

洋二郎は生前、よく私に突っかかってきました。「親父は作家だろう？　人の心をどこまでわかってんだ」「そんなんでよく本を書けるな」とかね。その言葉は彼が脳死状態に陥ったときも現在も、エンドレスで自分を襲ってきます。でもそういう息子の私に対する批判的な、あるいは食ってかかるような言葉は、ある意味で今の私をすごく支えています。

息子の言うとおりで、人間を理解するのは、そんなたやすいもんじゃない。取材をしていても、相手の心のなかまで入り込むなどということは非常に難しいし、本当にどこまで自分の問題に引き寄せて考えられたのか？　それは、永遠の課題みたいなもので、いつもそこへ戻って、自分はどうあるべきかを考えなければいけないという思いは尽きません。

息子は、私のなかでいつも生き生きしていて、声が聞こえるぐらいリアリティがあるんです。だから、息子は私の心のなかで一緒に生きている。肉体は滅びたけれど、「精神性のいのち」と言うべき魂は生きている。そういう思いが息子の亡くなった直後からあって、年を経るごとに強くなってきました。

それを「死後生」と、私は名づけました。

「死後生」とは、人は死によって肉体は失くなっても、その人の生きた証である生き方や行為や言葉や周囲に寄せた愛や思いは、家族や親密な関係にあった人々の心のなかで消えることなく生き続けることを、しっかりと位置づけるために私が作ったキーワードなのです。深く心の通い合った家族や親友や師弟の間では、「死後生」の存在感は、決して観念的なものではなく、極めてリアリティに満ちたものです。

遺された人は、辛いことや困ったことに直面すると、「あの人はこういうときには、いつもこうやっていた」とか、「いつもこんな言葉でストレスを乗り越えていたなあ」と思い返して、自分が生きなおす道を見出す例が少なくないですね。人は死で終わることなく、死後も遺された人の人生を膨らませるかたちで、成長を続けるのです。

新ライフサイクル論

人間というのは、生まれて、幼少期を過ごし、徐々に社会性や知識を身につけて、青年期、中年期、壮年期と進み、人生のクライマックスを迎える。七〇年代にアメリカの精神医学者らが唱えたライフサイクル論は、人間は壮年期を過ぎると人生下り坂で、体力が衰え、社会的な地位を失い、さらに病気を背負ったら、急速にカーブが下がっていって死で終わる、そういうものでした。でも、私はそれは間違っていると思うようになりました。一番大事な人間の精神性のいのちはその人の社会的な地位が失われようと、病気になろうと絶えず成長する。むしろ病気になったからこそ気づくことがいっぱいある。だから、成長、成熟の曲線は、壮年期以降になっても緩やかに上昇を続けるというのが、私が考える新しいライフサイクル論です。（次ページ図「柳田による新ライフサイクル論」参照）

このように「死後生」の存在を捉えると、遺された人は、喪失感だけでなく、「この人の死によって、私はこんなことに気づけた。こんなふうに生きられるようになった」という気持ちを持てるようになる。私自身、様々な気づきを与えてくれた息子の死を、すごくありがたいと思っています。

柳田による新ライフサイクル論

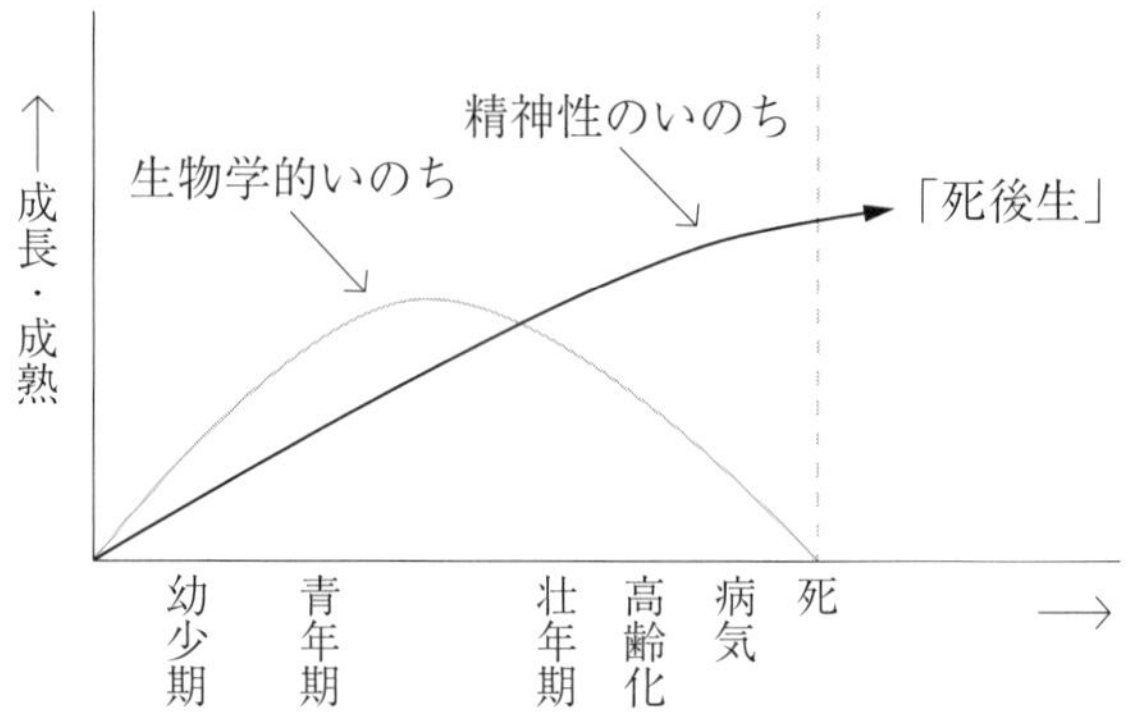

「精神性のいのち」は、死後も次を生きる人の心のなかで生き続ける。人生の最終ステージにおいて、精神性を大事にすることで、「死後生」を輝かせることができる。

空襲と家族の死を通じて形成されていった死生観

私がはじめて死を意識したのは九歳のときでした。戦争末期の一九四五年夏、栃木県の田舎町で米軍のB29による夜間空襲を受けたのです。無数の焼夷弾が火を引いて降ってくる。怖かったです。

その後、終戦の翌年に二番目の兄と父を自宅で相次いで結核で亡くしたのですが、父は兄が先に息を引き取ったとき、隣りの部屋の病床で「馬鹿野郎！」と大声を出したんです。父は自分が結核で苦労したので、子どもたちには「健康第一だ」といつも言っていて、夜、勉強すると怒った。それだけに兄が結核で死んでしまったのが悔しかったんでしょう。父はそのショックもあってか、病状が悪化して、五か月後に亡くなりました。家族一人ひとりに言葉をかけて、静かに眠るように亡くなりました。次兄と父の静かな最期は、九歳から十歳にかけての少年だった私の心に、「死ぬことはそれほど恐ろしいものではない」という〝死の受容度〟をやわらかく刻んだと思います。

一方、五十歳代後半になってから直面した洋二郎の自死に対しては、自分を責める気持ちがものすごく強かった。息子は二十歳になる直前ぐらいから五年ほど精神科に通ったのですが、振り返ると中学校の終わり頃から兆候はあったんです。二年のとき、クラスでふざけていて友達からチョークをぶつけられ、目にケガをしたのがきっかけだったと思うのですが、学校へ行くのが辛そうに見えました。彼の母親、亡くなった私の前妻が精神を患っていて、もうずっと子どもの世話や家事ができない状態だったことも影響していたと思います。父親として、彼の苦悩や葛藤にもっと気づいてやれていたらと今でも思います。

明日、世界が終わりでも、朝ひげを剃る

私はこの原稿を書いている二〇二四年暮れ現在で八十八歳、米寿を迎えました。六年前に脊柱管狭窄症の手術をした影響で杖が必要な生活ですが、気持ちのうえでは全然負い目

を感じていません。一年半前に股関節の手術を受けた妻も私も、医者から毎日歩くように言われているので、ちょうどいいねと話して、一緒にスーパーでの買い物や散歩をしています。医者の言う一日五千歩はなかなか難しいですが、買い物に行くと二千五百歩くらいにはなります。

腰痛の問題はそう甘くはないと思っているし、足腰こそ、後期高齢者のいのちの質にかかわるという自覚もあります。それでも、「もうダメだな」なんて意識は全くなくて、そのときどきのコンディションで淡々と生きられるだろうと思っているんです。ちょっと余談的な話になりますが、私は朝、台所に立って野菜サラダをつくるのをとても大事にしています。

私の朝の仕事は二つあって、一つはひげを剃る、もう一つは野菜サラダをつくることなんです。朝起きたら真っ先にするのが、愛用の木のボウルに山盛りの生野菜サラダをつくること。私と家内の分です。これは、ドイツの宗教改革者、マルチン・ルターの「たとえ明日、世界が終わりであっても、私はリンゴの木を植える」という言葉につながることなんです。「明日世界が終わるなら、何をやっても意味がない」じゃなくて、どんなときも、今日という日、生きている今という時間を大事にして、リンゴの木を植える、天から与えられたいのちを育てる。その行為は、自分自身のいのちをすっくと立たせて、今という瞬間瞬間を淡々と受け入れさせてくれる言葉です。

アウシュビッツを生き延びたオーストリアの精神医学者ヴィクトル・フランクルは、著書の『夜と霧』でこんな話を書いています。先に収容されていた男たちから、「朝起きたら、ひげを剃れ」と言われた。今日ガス室で殺されるかもしれない生活のなかで、朝ひげを剃れという。やつれて病人のように見えると、即日ガス室に送られるのです。私がひげを剃り、サラダを作ることでしゃんとするのは、この「朝起きたら、ひげを剃れ！」の応用問題を解くような思いでやっていることなのです。今日一日に対する自分の姿勢、決意の表明ですね。

＊

現代に生きる人々の「生と死」のかたちを、リアルな姿で捉えたいと、半世紀余り取材と執筆に取り組んできました。『「死の医学」への日記』（新潮文庫）と『新・がん50人の勇気』（文春文庫）は、その中心的な作品ですが、さらにこの二十年余りの期間に、それ以外にも、折々にレポートや論考を書いてきました。それらをまとめて読むと、二十一世紀になってからの日本人の死の受け止め方や死を前にした生き方がくっきりと見えてくるので、さらに書き下ろしの新稿を加えて、一冊の本にまとめようと考えました。その作業のなかで、死を前に如何に生きるかという大課題と向き合うと、〝死後の自分〟の証として「死後生」という問題を考えざるを得ないことに気付きました。この第一章は、そうした経過を辿ってまとめた本書の導入として書きました。

2章

「人生の最終章」は自分で書く

――「死後生」を息づかせるために

日本リビングウイル研究会講演

人は物語を生きている

今回、「物語としての人生」という題で講演をしてほしいと依頼を受けた時、私、うれしい気持ちになりました。というのは、作家として見つめてきた人の「人生のかたち」は、どんな人でも、たとえ四十年であれ八十年であれ、一生を生きるということは大変なことで、波乱に満ちた大河ドラマに匹敵する、つまり人の人生は物語になっていると、私はかねて捉えてきたからです。

長年親しくしていただいた臨床心理学者の故・河合隼雄先生も、「人は、物語らないとわからない」と、よくおっしゃっていました。いろんな悩みを抱えて生きている人に向き合ってこられた心の専門家の人間論と、作家として多くの方とおつき合いする中で湧き出てきた私の問題意識とが重なり合ったような気がして、自信を得ました。「悲しいことや辛いことが多い人生の意味は物語らないとわからない」んですね。「わからない」とは、人生の折々の出来事——幸せだと感じた時期や、逆に辛く悲しかった時期など、それぞれの意味や人生全体の意味を捉えることができないということです。

「人生の文脈」のなかで死を位置づける

日本尊厳死協会が「リビング・ウイル」（最期を迎える時の医療の対応への意思表示）のモデルを作っていて、多くの人がそれを自分の意思表示として医療者に手渡すということが普及してきました。そのことは、一人ひとりが主体的に死と向き合ううえで大事な大事な時代傾向ですが、でも、そのリビング・ウイルの箇条書きを見ると、ややもすれば、ほとんどの人が「死ぬ瞬間」の問題にこだわり、痛みや苦しみがなく穏やかな最期でありたい、という〝瞬間風速〟の次元で「死」を捉えている傾向が強いと感じます。だけれど、人間にとっての死とは、果たしてそういうものであろうか。死ぬ瞬間の痛みや苦しみや不快感や不安や、そういう次元だけで捉えるべきものだろうか――と、私は疑問を感じてきました。

というのは、リビング・ウイルで大事なことは、その人が何十年か生きてきた「人生の文脈」の中で、「最終章」となる月日をどう生きたら悔いなき最期を迎えることができるか、そういう視野の中でリビング・ウイルをしっかり捉え、その趣旨を箇条書きなどにも生かしていくべきではないか、と思っていたからです。そうした私の問題意識がありますすが、それはしばらく置いて、話を進めていきます。

死の迎え方に関する日本の人々の問題意識が大きく変わり始めたのは、一九八〇年代だと私は見ています。一九七〇年代から「がん死」を中心に医療者側と闘病する側との両者を、視野を広げて見ていく中で、「時代が変わりつつあるなあ」と私は感じ始めたのです。

「死の社会化」の時代

それを象徴的に示しているのは、闘病記が盛んに書かれるようになったことです。それ以前は、作家とか評論家とか学者とか著名な方が闘病記を書いていました。ところが八〇年代になると、職業や男女のいかんにかかわらず、しきりに闘病記や追悼記を書くようになる。

九〇年代初めに、私が編集責任者になり、「同時代ノンフィクション選集」全十二巻（文藝春秋）を編集したとき、第一巻は、従来のノンフィクション分野の優先通念を壊して、『「生と死」の現在』というテーマで闘病記・追悼記を編集しました。さらに第一巻の巻末に、戦後の闘病記・追悼記の作品年表を付けました。私は医学、医療、生と死、闘病記などに強い関心を持って七〇年代から仕事を始めたものですから、そういった関係の本や資料を収集しており、それをもとに年表を作成したわけです。

その年表を見ますと、七〇年代までは、闘病記にしろ、医療者の看取りの記録や医療のあり方にしろ、年表はスカスカです。それが八〇年代になると、びっしりと年表が埋まってきて、九〇年代になると、さらに埋まってきます。これは人々と社会の意識の変化ですね。死に関する本が書かれるということはそれを読む人がいるわけです。出版の営業として成り立つ。つまり闘病記など「死に関する本が読まれる」という時代になってきたわけですね。こういう時代を、私は「死の社会化の時代」と名付けました。それまでは、家の中や病院で一人ひとりが家族に看取られてひっそりと死を迎えていました。「死」は、極めてプライベートな出来事であったわけです。

それが、どう生きたか死んだかを社会に発信していく、社会で共有していく、そういう時代になってきました。それを示すものとして私は、「死の社会化」というキーワードを作ったんです。

書くことで生まれる「生きなおす力」

ではなぜ、人びとは闘病記を書くようになったのでしょうか。振り返ってみると、戦後の二十年間くらいは戦争体験や空襲体験が書かれました。それがだんだん少なくなり、七〇年代から八〇年代、九〇年代にかけて、戦争体験記に代わって闘病記がしきりに書かれるようになりました。一人で悶々と病に苦しんでいるのを多くの人に知って欲しい、病気で気づいたことを誰かに伝えたい、自分自身が死を受け入れてどう生きるか、あるいは生きたか、その足跡を残したい、生きた証を確認したい、患者の辛さを医療者に知って欲しい……。こうした様々なニーズがあって、闘病記が書かれるようになりました。

また、亡くなった人に寄り添ったことを身内の方が追悼記として書くということも広く見られるようになってきました。書くという行為は、人間が人生の最大のイベントである「死」を前にいかに生きなおすかという点で重要な意味を持つことになります。

最近は、レジリエンス（regilience）という言葉が、災害関係、医療関係、福祉関係などでよく使われるようになってきました。生きなおす力、回復力、再生力という意味ですね。

では、この闘病記とか追悼記が、なぜ生きなおす力になるのか。

悲嘆や苦悩のなかからどう立ちなおって明日からの人生を生きていくか、ということです。「半年」と言われて、どのような生きなおす力を見出せるのでしょうか。「余命一か月」とか研究では、人は、書くことによって、ただ絶望や悲しみや鬱的状態の混沌の中で死を迎えるのではなく、残された日々を最大限有効に生かして納得のいく形で人生を締めくくりたい、と思うようになる例が多いのです。

人は、大事な人を失うとか自分が回復の見込みがない病気になるという事態に直面すると、そのショックで混乱状態に陥ります。「これからの老後を二人でゆったり過ごしたい」と思っていた矢先にご主人が脳梗塞で倒れたとか、突然進行がんが発見されたとかですね。人がそういう混乱状態の中で、言葉による表現、つまり闘病記を書くとか詩歌で表現するという行為は、大変大きな意味を持っています。文章を書くということは文脈を作ることになるのですから、混沌とした心のカオス状態を整理することになります。心が整理される。もし文章にしなければ、依然としてカオス状態が続き、苦しみ続けることになります。

例えば私家版であっても、本を出すと誰かが読みますね。反応があるわけです。反応があると自分を客観視できます。そういうなかで、死を迎えるにあたって人生への納得というものは何によって得られるのか、それを見つけ出していくことになるんですね。

人生は「大河ドラマ」

私は、どんな人でもその人生を俯瞰的に見ると、大河ドラマか長編小説に匹敵する出来事で詰まっていると思っています。高さや深さはともかく、山あり谷ありの人生です。大河ドラマあるいは長編小説であるからには、いくつもの「章」がありますね。多い人なら二十章もあるかもしれません。紆余曲折した「章」があるはずです。振り返ってみると人生というのは多くの「章」で成り立っていますが、すべての章を予め意識して書いてきた、つまり生きてきたわけではありません。

しかし重い病気になったり高齢になったりして、残された日々が長くても一年あるいは半年となった時、それからの人生の「最終章」は自分で書いていくことになります。皆さん、よろしいでしょうか。

書くとは何か——。それは生きる上で何が自分にとって大事なことなのか、を確認する作業でもあります。「あれもしたい、これもしたい」と人間は欲が深いものですが、例えば二十くらいのうち「これだけは」というのは二つか三つくらいではないでしょうか。それらを書くことで絞り込んでいく。そうすることで、自分にとってより納得感が持てる「人生の最終章」をよりよく生きられるようになるのではないかと私は思っています。

「それでもリンゴの木を植える」

私がこれまで取材したり書いたりした人たち、あるいは出版された闘病記などの中から、この「人生の最終章」について見ていきたいと思います。

一九七九年に出版された、肺がんで亡くなった四十代の主婦・原崎百子さんの手記です。肺がんが進行する中で在宅で闘病しながら日記をつけ始めます。まだ「終末期医療」という言葉もない時代でした。がんが再発し、もう治療法がないという状態になった時、ご主人が意を決して、肺がんにかかっていることを告げました。それに対し、百子さんは、

「ありがとう、ありがとう、よく話してくださったわね。可哀そうに！　さぞ辛かったでしょう。（中略）それでだったのね。いろんなことがそれで解かってくる。私の生涯はこれからが本番なのだ。これまでの一切は、これからの日々のためのよい準備だったのだ」

と書いたのです。「私の人生はこれからが本番なのだ」とは、「自分自身の人生を一つの物語として捉え、これから意識して最後の章を書いていくんだ」という意味ですね。

ではは「本番」とはどういう生き方なのでしょうか。百子さんは、二児の母として、妻として、女性として、しっかりとした自覚を持つ方でした。牧師夫人でクリスチャンでもありました。中学生の男の子が二人いました。そしてこう続けています。

「それでもやはり、私はリンゴの木を植える。そして、子どもの勉強の相手をしてやることを、やっぱりやります」

「私はリンゴの木を植える」とは、十六世紀の宗教改革者マルティン・ルターの言葉とさ

れている名言で、その文章は、「たとえ明日、地球が終わりでも私はリンゴの木を植える」というものです。百子さんはこの言葉を自分の人生訓にしていたのです。明日、自分はこの世を去るかもしれないけれど、たとえ今日一日のいのちであっても、神さまから与えられたいのちの一刻一刻を大切にして今を生きるという意味ですね。この世の自分のいのちを最後の瞬間まで精一杯全うするという確固とした意思表示です。

「自分の死を創る時代」

自分で「人生の最終章を書く」、つまり意識的に生き抜くという傾向は、一九八〇年代あたりから顕著になってきました。そして二〇〇〇年代になると、こうした問題意識が社会的に広まっていきます。これには日本尊厳死協会も大きな役割を果たしていると思います。私は「自分の死を創る時代」と名付けました。つまり「最終章を自分で書く」ということは、「自分の死を自分なりに創作する」ともいえるのです。

一方で、「自分の死を創る人」をいかに支えていくかが、もう一つの課題になってきます。一九九〇年代以降、医療界においても社会的にも支えるあり方が積極的になってきました。在宅ホスピスケアが広まってきたのです。その芽生えの一つとして、八九年に肝臓がんが見つかって半年ほどしか生きられなかった、四十代の主婦種子島《たねがしま》光子さんについてお話しします。

「最終章を書く人」をどう支えるか

その最期は、とても意味あるものでした。光子さんは中学生と小学生のお子さんがおり、母として妻として、「家庭で闘病したい」と希望します。医師は東京での在宅ホスピスケアの草分けの川越厚《こう》先生で、往診してくれました。大手食品会社に勤めていたご主人の秀洲《ひでくに》さんは、「妻の最期をより良くする」ために介護休職を取ります。当時はそんな休職制度はありませんでしたが、「復職できなくても妻の最期に寄り添うほうが大事」という強い思いで休職を選びます。会社は、この後に介護休職制度を設けます。会社を動かしたんですね。

また京都の看護学校の教師だった妹の秋山正子さんは、京都から神奈川のお姉さん宅へ週に一回、土・日に通い、この介護を機に自分の人生を変えました。東京で新しい在宅ケアのあり方を開拓し、ナイチンゲール賞を受けます。秋田の実家から高齢のお母さんも上京してきて、意識が薄れていく娘の光子さんに「あんた、意識があるうちに言い遺すべきことは言っておきなさい」と促します。子どもに対しても「意識がなくなっても耳は聞こえているんだから、あんたたち、お母さんに頻繁に声をかけなきゃダメよ」と教える。「死」を暗黙の了解事項として、最期の日々を支え、支え合う取り組みの始まりと言える情景でした。

一九九〇年代以降、特に二〇〇〇年代になってから、全国各地で、こうした「最終章を生きる人たち」を支える新しい社会的システムが、緩和ケア病棟や在宅ホスピスケアなど多様な形で展開され始めています。死と死別のかたちが新しい時代に入ってきたと言えます。

3章

「さよなら」なき別れから
どう生きなおすか

（1）「そうでなければならないならば」の深い理解へ
――日本尊厳死協会との対話

コロナ死の異常さ

――コロナに限らず、災害・事故などによる突然の死なども含めた、「さよなら」も言えない別れ、そこから人はどう立ちなおっていくのか、という人生の重要な課題についてお伺いします。柳田さんがコロナ死を特異な死として捉えることになったきっかけは何だったのでしょうか。

柳田　直接的には、二〇二〇年の三月末に、コメディアンの志村けんさんが亡くなられたことです。お兄さまが遺骨を抱いて自宅に帰られたとき、メディアに囲まれて「コロナで急に入院し、最期の別れもできなかった」と言葉少なに語ったんですね。「病院で棺に納められた時も、霊安室でも火葬場でさえも立ち会えなかった」と。その無念の思いが表情から伝わってきました。それを見て、はっと気づかされたんです。人間にとって、人生の最期、この世での最期に、大事な家族や愛する人と別れの言葉を交わすことができなかった。象徴的に言えば、「さようなら」と言えない別れ。

そういう別れが突然、日常の中に降って湧いたように起こる。これは大変な問題だ、と思ったんです。

この世で生きた人の死の尊厳は、「いのち」の尊厳でもあり、何ものにも代えられない大事なものなのに、それがコロナ禍の中で突然破壊されるということが起こっている。――長年、死について考察されてきた柳田さんが、コロナによる死は尋常な死ではない、と直感されたわけですね。

柳田　これまで、がん死などに向き合ってきましたが、それはじわじわと近づいてくる死でした。本人も家族も、あらかじめ近づく死と向き合いながら「その時」を迎える。がん死の場合は、緩和ケアを受けながら安らかな死を迎える。しかしコロナでの死は全く様相が違う。コロナ死の特異性というのは、予想もしなかったなか突然に訪れるということ。そしてすぐに専門病棟に隔離されてしまう。面会も付き添いもできない、看取りさえもできない、別れの言葉もかけられない、お互いに「さよなら」のメッセージも交換できない、納体袋に納められて霊安室に運ばれ、火葬場での密接な最後の別れもできない、そういう状況なんですね、初期の頃は。今は家族が完全防護服をまとって看取ることが許されるか、スマホやタブレットを使って会話できるようにはなりましたが……。

――少しは変わってきているようですが、手を取り合ってとか頬を撫でるとかはできないですよね。

柳田　欧米でもそうでした。イタリアでは医療崩壊が起こり、病院で亡くなるとロッカーの中に遺骨が入れられて、それが「再会する」最初の場になりました。女性がそのロッカーに泣きすがっている映像をテレビで見ました。コロナでは、人間のコミュニケーションの原点である「対面」や「触れ合い」が規制されてしまう。極めて特異なことなんですね。

――柳田さんは以前から、「人は物語を生きている」と言われています。そして、「その物語の最終章は自分で書く」ことを勧めています。つまり、最後は意志的に生き抜くということの重要性を説いているわけですが、コロナは、人それぞれの物語を突然断ち切ってしまうということになるわけですね。

柳田　「物語」を破壊するものとして最悪なものは戦争ですね。それから災害、思いがけない不慮の事故。災害でもないのに、これと同じようなことが起こったのがコロナなんです。全くある日突然、胸が苦しくなって診察を受けたら感染がわかり、病棟に隔離され、最悪の場合には、人工呼吸器や人工心肺装置による生命維持もかなわず、納体袋に入れられて火葬されてしまう。家族や愛する人のもとに帰ってくるのは灰になってから……。「最終章を自分で書けない」ということは人間の尊厳が損なわれるということです。

事故・災害による「人生の切断」

――物語が切断される死、と言えば、一九八五年の日航機墜落事故もそうでしたよね。一瞬で五百二十人が亡くなりました。東日本大震災もそうでした。

柳田　二〇一一年の東日本大震災の場合は、二万人以上の方が亡くなったり、行方不明になっています。行方不明者は生きているのかどうかわからない。記憶喪失でどこかの施設で生きているかもしれないとかいろいろな思いが交錯します。いわゆる「あいまいな喪失」です。「さよならの言えない死」と「あいまいな喪失」は重なりますね。

例えば宮城県北上川河口近くの大川小学校の場合、七十四人もの児童と十人の教職員が亡くなりました。その中に、いまだに行方不明の児童もいる。私が訪れた二〇二〇年の春、行方不明児のお父さんが、わが子の遺体を探して小型のショベルカーで学校近くの土地を掘り返していました。九年経っても心の整理がつかないんですね。行方不明のままでは、「わが子の死」を受容できない。

また、宮城県の海岸沿いの津波被災地を訪ねると、大切な家族を亡くした人たちのなかに、亡き人がぼーっと海岸に立ち現れる夢を見るという人がいます。そういう方々に対するケアは、医療だけではできないんですね。

――医学では魂や霊の世界には入り込めないですからね。

柳田　医学の論理では説明がつかない、そういう精神世界に対応できないんです。宗教家の力を借りなければならないということで、いろんなところで今、医療と宗教が手を結んだ活動が広まっています。それは、東北大学の大学院に、臨床宗教師を養成する「臨床宗教学」という寄付講座が開かれることにつながっていきました。

――その活動には、日本尊厳死協会の東北支部も関わっています。

柳田　そうですね。「死のかたち」というのは、遺された人に大変な問題を残していく。そういう中で「さよならのない別れ」や「生死不明のあいまいな喪失」に、専門家や社会がどう対応していくのか。「生と死」の問題に新しい課題が加わったと思います。

――専門家や社会の対応が重要でしょうが、最終的には、一人ひとりの胸にストンと落ちていくようにならないと心の整理にはつながらないでしょうね。

柳田　そういうことですね。

「あいまいな喪失」へのケア

――どうすれば、あるいはどういう経緯で、ストンと胸に落ちていくんでしょうか。

柳田　一般論としてその方法を示すことはできないのですが、「あいまいな喪失」に取り組んでいるカウンセラーたちがベースにしているのは、「死んでいるのか生きているのか」どちらかわからない場合、強いてどちらかに決めてしまうのでなく、「あいまいな」状態をそのまま受け入れていくことをサポートすることなんです。

つまり、AかBかのどちらかを無理に選択するのではなく、AとBの両方を受け入れるという生き方です。

これは、アメリカの家族療法の専門家のポーリン・ボス博士（ミネソタ大学名誉教授）が、同時多発テロによるニューヨークのツインタワービル崩壊事件（二〇〇一年九月）の遺族ケアに取り組むなかで集大成した新たなケアの理論によるものです。

二〇一一年三月に発生した東日本大震災では、地震と津波により一万八千六百八十四人の死者・行方不明者が出ました（警察庁二〇一二年九月調べ）。同時に発生した東京電力福島第一原子力発電所の事故では、数十万人の地域住民が中長期にわたり遠方の地での避難生活を余儀なくされました。

こうした被災者のケアに当たっていたケアの専門家たち（黒川雅代子《かよこ》、石井千賀子、中島聡美《さとみ》、瀬藤《せとう》乃理子の諸氏）は、翌二〇一二年三月、一緒に渡米してボス博士を訪ね、「あいまいな喪失」によって苦悩する人々へのケアの理論を学び、帰国してからその実践に取り組みました。私は、その国内でのセミナーなどに参加して学びました。（四氏の共著『あいまいな喪失と家族のレジリエンス　災害支援の新しいアプローチ』誠信書房刊参照）

「やわらかい人生論」の語りかけ

行政や警察、保険会社などが死を認めるのを迫るのはやむを得ないことです。しかし大事なことは、「書類上は死亡したとしても、亡くなった方はあなたの心の中に生きているんだから……、それまでも切り捨てるわけではないのですよ……」というようなことを伝え続けていくことではないかと思います。

ボス博士は、「あいまいな喪失」に関する研究と実践のさなかに、夫を突然死で失くしました。まさに「さよならなき別れ」でした。しかし、彼女は、夫との死別をありのままに受け入れて、〝独り身〟の暮らしを新著『パンデミック、災害、そして人生におけるあいまいな喪失』（瀬藤乃理子他訳、誠信書房）のなかで次のように書いています。

「『ニューヨークタイムズ』紙が届いたり、夫が好きだった音楽を聴いたりすると、毎日彼がいないことを思い知らされます。彼を介護するヘルパーさんが帰って、二人だけになったときに話し合っていたときのように、今も朝刊の記事にペンで丸く印をつけたくなります。それは、かけがえのない時間でした。

このようにいろいろな場面で一緒に過ごした人生を思い出しますが、悲しくても、打ちひしがれているわけではありません。夫の死に関連したあいまいさによるトラウマはありません」

「私たちは（注、ボス夫妻の意味ではなく、一般的に人々は、の意）一番苦しいときにこそ最も成長し、レジリエンスを高めることがしばしばあります。古代中国のことわざにもあるように、『危機は絶好の機会になりうる』のです。（中略）私はあいまいな喪失とともに生きています。夫は亡くなったけれども、彼はまだここにいる。私はそのパラドックスを大切にしています」

このようなボス博士の語りかけを読んでいると、ケアの手ほどきというより、「やわらかい人生論」の響きを感じますね。

――時間の経過も大事な要素でしょうね。

柳田　そう。本人も支える人もともに待つ話なんです。上からまるで理論の枠組みみたいにして押し付けてはいけない。その時がいつ来るか、人によって違いますから。

御巣鷹山事故で九歳児を失って

柳田　話は変わりますが、一九八五年の日航機墜落事故で、九歳の健ちゃんというお子さんを亡くされた美谷島《みやじま》邦子さんの歩みを話させてください。

「甲子園に高校野球を見に行きたい」という野球好きの息子の夢を叶えてあげようと一人旅をさせました。大阪の親戚が案内を引き受けることになっていました。美谷島さんは、母親として「なんで付き添ってあげなかったのか」と悔やみました。羽田空港で見送りはしたけれど、ほんとの意味の「さよならのない別れ」に深い喪失感と厳しい自責の念に襲われたのです。遺族会である「8・12連絡会」の事務局長として、最初の頃は事故原因の追及や告発に全力を注ぎましたが、解決できない問題がありました。心の中にある「喪失感」、わが子に対する罪責感です。

事故後間もなく、一本の電話が入ったんです。日本航空は事故機の座席表をご遺族に渡していましたが、健ちゃんの隣に若い女性が座っていたんです。その方のお母さんは四国のお寺のご住職の奥様で、電話をかけてきて、「うちの娘はやさしい子で、子どもが好きでした。きっと健ちゃんの手をしっかり握っていたと思いますよ」と言うんですね。その言葉が、心がくしゃくしゃになってしまっていた美谷島さんの心に染みて、心を整理する最初のきっかけになったんですね。

――なるほど。胸に迫りますね。

柳田　ちょうど同じ時期に、全然つき合いのなかった新潟の、健ちゃんと同じ小学三年生の子どもたちから、ジュースが送られてきたんです。「山に持って行って健ちゃんに飲ませて」と。そういうことがいくつかあり、少しずつ少しずつ、支えられていったんです。

いつも心の中で生きている

柳田　美谷島さんは事故から一年ほど経ったとき、詩人・高田敏子さんの文化講座に通い始めました。これは重要な意味を持ちました。詩を習い出したことで、御巣鷹山に行くと、健ちゃんへの溢れる思いが言葉となって沸々と出てくる。心の奥にたまっていたカオス状態の鬱々とした思いが吐き出されるように。

――慰霊の山・御巣鷹山に登るごとに言葉がほとばしり出てくるわけですね。

柳田　五年後、美谷島さんは用事があって前橋に出かけるため、東京駅で新幹線に乗ろうとしたとき、思わず、「健ちゃん、ママと一緒に乗ろうね」と呟いたそうです。

〈その時、私の心の中にストーンと健が入った。その日から、健は私といつも一緒にいる、心の中で生きている〉

と、美谷島さんは著書『御巣鷹山と生きる　日航機墜落事故遺族の25年』（新潮社）に記しています。

こういう出来事は、人が喪失の悲しみから立ちなおっていくうえで、決定的と言えるくらい重要な意味を持つんですね。精神性のいのちを見出していく営み、まさに愛するわが子の「死後生」をリアルに感じ取れたこと――それは癒やしの本質的な側面であり、混沌としてどう生きていけばいいかわからないなかから抜け出していく大事な節目になるのですね。

――亡き人、亡き子の魂の声というのは、そんなにも大きな影響力を持つものなんですね。

柳田　美谷島さんは、二〇二〇年に『けんちゃんのもみの木』（BL出版）という絵本を創作しました。絵は私の妻の絵本作家いせひでこが描きました。その絵本の前半、亡くなった健ちゃんを必死に探し求める美谷島さんの姿を描いた頁があります。見開き両頁いっぱいに広がる紺碧の青空を、真横に断ち切るように、一筋の真白な飛行機が描かれています。その飛行機雲の後方には、こいのぼりをなびかせた棒を持つ母親の、懸命に飛行機雲を追いかけて空を飛ぶ姿があります。その見開き頁の文章は——

飛行機雲のむこうには　きみがいる
あえるのなら
どんなことをしても　いってみたい
その一本の線のむこうに

この絵本のあとがきに、美谷島さんは、こう書いています。こいのぼりを持って飛行機雲に向かうお母さんは、〈35年前の私です。長い歳月を経て、絵の向こうから、けんちゃんからの「サヨナラ」という声が聞こえました。その手をこれからも握りしめていきます〉と。

こいのぼりは、事故の三か月前のこどもの日に、健ちゃんが自分で作って庭に高く掲げたもので、元気だった健ちゃんの存在の証と言えるものなのです。

「さようなら」の深い意味

――「さようなら」という別れの言葉には、とても深い意味があったのですね。

柳田　この語意は一般的には「さようであるならば」なんですが、もう一つ、「そうでなければならないならば」という意味もあるんです。

日本人が日常的に使う「さようなら」とか「さよなら」という別れの言葉の深い意味について、私が啓蒙されたのは、倫理学者で日本人の精神史研究者である元東京大学教授の竹内整一先生の著書『日本人はなぜ「さようなら」と別れるのか』（ちくま新書）によってです。

興味深いことに、「さようなら」という日常的な日本語の深い意味について、竹内先生が深く思索をめぐらすようになったのは、二十世紀初頭のアメリカの女性飛行家アン・リンドバーグの日本訪問飛行の手記『翼よ、北に』（中村妙子訳、みすず書房）を読んだことからなんです。

来日したアンは、日本の鉄道の駅でも、横浜港の桟橋でも、出発する人々と見送る人々が、互いに「さようなら」「さようなら」と言葉を交わし合う情景を見て、強く興味を引かれたというのです。何でこんなにも懸命に叫び合うのだろう。「さようなら」ってどんな意味の言葉なのだろう。そう疑問を抱いたアンは、日本人の知人に「さようなら」の語源と意味を調べてもらったのです。そして、『翼よ、北に』に、こう記しているのです。

〈「サヨナラ」を文字どおりに訳すと、「そうならなければならないなら」という意味だという。これまでに耳にした別れの言葉のうちで、このようにうつくしい言葉をわたしは知らない。Auf Wiedersehen《アウフヴィダーゼーエン》（ドイツ語）やAu revoir《オルヴォワール》（フランス語）やTill we meet again（英語）のように、別れの痛みを再会の希望によって紛らそうという試みを「サヨナラ」はしない。目をしばたたいて涙を健気に抑えて告げるFarewellのように、別離の苦い味わいを避けてもいない。〉

〈「サヨナラ」は言いすぎもしなければ、言い足りなくもない。それは事実をあるがままに受けいれている。人生の理解のすべてがその四音のうちにこもっている。ひそかにくすぶっているものを含めて、すべての感情がそのうちに埋み火のようにこもっているが、それ自体は何も語らない。言葉にしないGood-byであり、心をこめて手を握る暖かさなのだ――「サヨナラ」は。〉

生きなおす道への扉

柳田　私たちが何気なく使っている一つの言葉をめぐって、このように深く思いをめぐらすとは、アンは何と感性の豊かな女性だろうと、私は只々感銘を受けるばかりでした。

深い意味があるからこそ、「さよならなき別れ」というものが、喪失体験者の心に刻まれるトラウマは極めて厳しいものになるのです。しかし、たとえ「さようなら」という言葉がなくても、亡き人の魂が「死後生」として存在していることを確信することができ、しかもその魂が自分の心のなかでいつも共に生きていると実感できるようになるなら、生きなおす道への扉は開かれると、私は多くの喪失体験者の「人生の物語」から思うようになりました。

（2）「さよなら」回復への医療の取り組み
――コロナ禍における「生と死」の取材記

タブレットの登場

人生において最も大事な死への旅立ちの時に、家族が患者に寄り添い、手を握ってあげることも、互いに「ありがとう」「さよなら」と言葉を交わすこともできない。コロナ死が、そのような不条理な別れを強いることになるとは、医療者も一般人も予想していなかったことだろう。コロナ死は、死と死別について新たな課題を突きつけた。

そのような中で、二〇二〇年春先に東京・上野の永寿総合病院の緩和ケア病棟では、コロナ死ではないが、死が避けられなくなったがん患者の老婦人と、面会規制のために自宅で待機せざるを得なかった夫とを、新しいコミュニケーション手段のタブレットでつなぐことによって、夫婦の孤立感と孤独感を和らげることができた。これは、不条理なコロナ死の場にも、一筋の光を射し込ませることができる方法があることを示すものだった。

それは、亡くなった人の「死後生」が、遺族の心のなかに納得できるかたちで刻まれるのをサポートする役割を果たす意味をも持ったと言える。

実際、取材を進めると、コロナ死の場でも、そうした新しいコミュニケーション手段の利用によって、画面を介してとはいえ、患者と家族がお互いの顔を見て最後の会話をできるようにする取り組みが、二〇二〇年秋までには一部の医療機関で実践されていることがわかった。

さらに三つの医療機関を訪ねて取材した実践例から、患者・家族ケアのあり方を考察したい。

日野原重明先生のスピリッツ

まず、早くから積極的にコロナ患者を受け入れた聖路加国際病院における取り組みについて記す。

東京・中央区の聖路加国際病院は、地下鉄サリン事件の経験を生かし非常災害時の救命救急医療体制を整えてはいたが、特定感染症指定病院ではなかったので、新型感染症に対応する病棟を準備していたわけではなかった。

しかし、福井次矢《つぐや》病院長（当時）は、中国の武漢での未知の感染症が、年明け早々に新型コロナウイルスによるものだと公表されるや、《総合病院として日本国内での流行に備えないと大変なことになる》と判断した。そこで、感染症専門の資格を持つ医師・看護師に指示して、新型コロナの特徴や感染症防止対策に関するマニュアルを作らせて、二〇二〇年一月九日には、院内のすべての部門に配布した。

そして、早くも一月二十二日には、コロナ感染症の疑いのある武漢からの中国人旅行者を、最初に診断した他の病院からの移送で引き受けた。国内で二例目のコロナ感染者だった。このような判断の速やかさは、その後、コロナ感染が急に拡大し始めてからの、病院の柔軟な対応を容易にしていく。

三月下旬になって、コロナ患者の入院者数が増え始めるや、同月二十五日には、集中治療室の八床すべてを、重症のコロナ患者の専用病床にした。さらに四月になると、増える軽症患者への対応策として、今度は一般病棟の一部を割いて約三十床を軽症コロナ患者の専用とすることを決めた。それでも、人工呼吸器を扱うことのできるスタッフの人数は多くないので、重症患者を受け入れることができるのは、八人までで精一杯だった。

聖路加国際病院でも、当初はコロナ患者への家族の面会は、全面的に禁止していた。

しかし、コロナ患者対応の中心になっていた救急部救命救急センターの大谷典生医長（当時）によると、

「家族からの強い要望もあって、見直したのです。《患者にとって大事なものは何か》という視点から、その方策を考えようということになったのです」

という。

もともと聖路加国際病院は、元病院長の日野原重明先生（故人）の掲げた「患者中心の医療」というスピリッツが組織的に深く浸透していたから、そういう基本的な視点の転換はスタッフ間で容易に受け入れられたのだろう。

大谷医長は、患者対応の基本的姿勢を、こう語る。

「感染を怖がって過剰な規制をするのでなく、正しい感染防止の管理をして、その中で患者・家族が切実に必要とすることを、しっかりと把握して対応していくことが必要です。医師は自ら責任を取る専門家です。何もしなければ医療者側は無難でしょうが、それでは何も生まれません」

「タブレット四十台購入します」

院内では、連日、福井院長の指揮するコロナ対策会議が開かれた。四月に入ってからの対策会議で、現場のスタッフが提案した。

「酸素マスクや人工呼吸器をつけていて声を出して会話をするのが困難な患者とコミュニケーションを取るには、タブレットを使ったコミュニケーションが有効と思いますので、タブレットを用意できないでしょうか。

それに、タブレットで病室内と病室外をつなげば、直接面会できないで不安になっている家族と患者さんの会話が可能になります。患者・家族双方の不安を和らげ、ストレスを小さくすると思うのです」

福井院長は、「それは大事なことです。すぐにタブレットを入れましょう」と答えた。何台くらいあればよいか、その場で現場のスタッフが検討した。重症患者が増えることが予想されることや、中程度の症状の患者でも呼吸が苦しくなる例があることなどを考えると、かなりの台数が必要だろうということになった。

「四十台、速やかに購入しましょう」

福井院長が決断を示した。

福井院長は、コロナ患者の受け入れを決めた時から、「必要なものは何でも要求してほしい。緊急事態下では、患者ケアが第一だ。お金は後でどうにでもなる」と発言していた。まさにその考えによるタブレット購入の決断だった。このような非常事態下での組織のトップによるスピーディな「決断」は、極めて重要だ。

このようにして、聖路加国際病院では、患者と家族とのコミュニケーションを、タブレットの導入で容易にするとともに、事情によっては、家族に専門病棟（集中治療室）内に防護服を着せることで入るのを許可するという柔軟な対応の枠組みをつくったのだった。

聖路加国際病院では、八月初めまでに受け入れたコロナ患者（疑いを含む）は、累計で四百一人に達した。特に四月上旬から五月上旬にかけての約一か月間は、病床を占める入院患者が、毎日三十人以上もいたばかりか、対応限界とされていた四十人以上になった日が六日間もあった。そのような中で、患者と家族のコミュニケーションに、多数のタブレットがあったことが大いに役立った。

人工呼吸器を使うほど重症化した患者は夏までに計二十人を数えたが、高齢で基礎疾患のある患者が少なかったことや、懸命の治療の取り組みの効果もあって、死亡に至った患者は二人に止まった。

重症患者が呟いた「もういいよ」

亡くなった患者の一人・Mさん（男性）の経過を書かせて頂く。緊急入院してからわずか十数時間のいのちだった。だが、人生の物語の最終章というべきその十数時間は極端に短かったとはいえ、そこには人間が生涯を閉じる時に、旅立つ者にとっても、残される者にとっても、何が大事であり、壊されてならないものは何なのかを、感動的に気づかせてくれるものがあった。

Mさんは七十代になっていたが、力仕事もこなす現役の仕事人間だった。春のさなかのこと、発熱後も数日働き続けていたが、夜になって呼吸が苦しくなってきたので、聖路加国際病院に救急入院した。本人の意識はしっかりしていたが、緊急に撮影したCT画像を見ると、肺には新型コロナ特有の肺炎の影が広がっていて、酸素を吸収するはたらきが大きく低下していることがはっきりとわかった。実際、血中酸素濃度が極めて低くなっていた。

大谷医長は、人工呼吸器を装着して、血液に強力に酸素を供給しない限り、いのちは危いと判断した。人工呼吸器をつけると、会話ができなくなる。人工呼吸器を装着するには、患者本人と家族の同意が必要と考えた大谷医長は、集中治療室の看護主任と相談して、家族に室内に入ってもらうことにした。

防護服はスタッフでさえ一日に一着しか使えないほど逼迫していたが、看護主任が何とかやりくりして三着をそろえた。Mさんの妻たち家族三人は、看護師に防護服を着せてもらい、集中治療室に入った。そこはまさに重装備医療の緊迫した現場だから、家族は緊張したに違いない。大谷医長は、Mさんの病状が切迫していること、人工呼吸器をつけないといのちが危いことを丁寧に説明した。

しかし、Mさんは呼吸の苦しさを抑えながら言った。

「おれは頑張って生きてきたんだから、もういいよ」

人工呼吸器はつけなくていいと言うのだ。

それでも大谷医長は、呼吸困難の苦しさを味わわせたくないと、再度丁寧に説得した結果、ようやくMさんは納得し、家族は控室で待機することになった。

人工呼吸器をつけて、時が静かに流れた。酸素供給の効果は、徐々に現れた。血中酸素濃度が正常値になったとは言えないまでも、かなり上がってきたのだ。

だが、様々なデータから見て、いのちの危機的な状態がよくなったわけではなかった。とうに夜半を過ぎていた。そろそろ患者と家族が最後の会話を交わす段階に来ていると判断した大谷医長は、一旦人工呼吸器を外して、家族にベッドサイドに入ってもらった。

「お父さん、よく頑張ったね」

妻の言葉に、Mさんは、小さな声で再び言った。

「もういいよ」

人生の幕をここで下ろしてもいいという意味なのか。

納体袋の〝窓〟から最後の別れ

再び人工呼吸器をつけたMさんは、間もなく昏睡状態に陥った。夜が明け、朝が過ぎ、午前十一時頃、息を引き取った。最期の刻《とき》には、家族も防護服を身に着けて集中治療室に入り、Mさんに言葉をかけて看取った。

大谷医長は、家族の心情を思いやって、こう語る。

「ご主人の病状が想像もしていなかったほど悪かったですし、ご本人が『もういいよ』とまで仰るので、ご家族は傍《そば》にいて、とても辛かっただろうと思うんです。それだけに、しっかりお別れができるようにしてあげることが大切だと思い、集中治療室に入って頂く機会を、看護師たちの協力を得て設けました」

Mさんが息を引き取った後、家族には一旦控室に戻ってもらい、看護師たちがMさんの身体をきれいにして死出の衣を着せると、感染防止の納体袋に入れた。納体袋の顔のところは、窓状に透明なビニールにしてあった。そうした作業が済んだところで、再び家族を室内に招き入れ、遺体との最後の対面による別れを可能にした。

さらに霊安室から出棺する時にも、家族がやや離れた場所から見送れるように配慮された。

出棺を見送った後、家族はスタッフに礼を言った。

「最期の刻に会えて、よかったです」

ただ、家族が不安を抱いたのは、家族の一人がコロナで亡くなったことで、周囲から差別の目で見られないかということだったという。突然の喪失によって悲嘆に暮れる家族に対して、周囲が暖かい眼差しを向ける社会文化の形成に、行政や学校教育は取り組むことが課題だ。

聖路加国際病院でコロナ患者の死と看取りについて、このような形で患者・家族をサポートすることができたのは、入院患者や職員の院内感染がなく診療業務に混乱がなかったことが、大きな要因になっていたと言えるだろう。しかし、より重要な要因は、患者・家族の視点から、何が重要であるのかを把握し実践するというスピリッツが、スタッフの意識に浸透していたことであろう。

迅速な「災害対策本部」の設置

次に訪ねたのは、東京近郊の川崎市北部にある聖マリアンナ医科大学病院だ。特定感染症指定病院ではないが、神奈川県の災害拠点病院の指定を受けている。横浜に比較的近いこともあって、多数のコロナ患者が集団発生した観光客船ダイヤモンド・プリンセス号が横浜港に入港すると、間もなく県からの要請で、二月十一日には、救命救急センターの集中治療室の五床を重症コロナ患者専用として、ダイヤモンド・プリンセス号の主に重症患者の受け入れを開始した（後に十五床に増やす）。

その対応が一段落して四月に入ると、感染拡大に伴い一般のコロナ患者の入院も急増したため、一般病棟の一部四十四床を中等症・軽症のコロナ患者専用とした。

未経験のコロナ患者への対応とはいえ、組織的な取り組みには、次のように注目すべきものがあった。

▽北川博昭院長（当時）が、ダイヤモンド・プリンセス号におけるクラスターの発生を他人事視しないで、国内における感染拡大まで視野に入れて、いち早くコロナ患者受け

入れを想定した「災害対策本部」の設置を決断し、随時対策会議を開いて、機動的に対応したこと。
▽呼吸器内科の峯下昌道教授が「自分が全コロナ患者のCT画像を、責任をもって見る」と〝宣言〟したことによって、医師も看護師も全診療科が一体感をもってコロナ患者に対応するという意思統一ができたこと。例えば、肺のCT画像を関係の専門医たちが数人規模で集まって見て議論し、診断と治療に万全を期した。
▽重症患者専用病棟（集中治療室）の医師の配置については、家族感染を防ぐために、子どものいる医師に無理をさせないようにしようと、〝手挙げ方式〟を採用したが、しばらく別居すれば大丈夫と言う医師が多かったので、結局医局内でオープンに話し合って、配置者を決めた。そのことも、士気と責任感を高めた。
▽看護部でも、副看護部長などが全スタッフに「できない方はいますか」と尋ねて、個人の事情を考慮して配置を決めた。また、救命救急医療を経験した退職看護師の希望を募って再雇用したことが、〝戦力強化〟に大いに役立った。
▽コロナ患者は症状が急変する例が少なくないので、専門看護師による呼吸ケアチームが連日、夜間を含めて数回、コロナ患者専用病棟を巡回して、患者の病状に悪化の兆候がないか、丁寧にチェックするクリティカル・ラウンドを実施した。中等度の患者に悪

化の兆候を捉えて集中治療室に移し、重症化を回避できた例もあった。

「家族ケアチーム」を立ち上げ

画期的だったのは、「家族ケアチーム」を立ち上げたことだった。「家族ケアチーム」の中心になっていた移植医療支援室の中村晴美主査によると、きっかけの一つは、二月にダイヤモンド・プリンセス号から入院した外国人の初老の女性患者の孤独な死だった。

夫と一緒に船旅をしていたのだが、妻がコロナの重症で入院しても、夫は感染防止のために同行できず面会に来ることもできなかった。病状が悪化して、ＥＣＭＯ《エクモ》（体外式膜型人工肺）を装着せざるを得なくなったのだが、装着する前に、まだ言葉を話せたので、夫と会えない悲しさと辛さを、感情を露わにして泣き叫んだ。女性はＥＣＭＯによる治療も空しく、亡くなった。

その女性の死は、スタッフに衝撃を与えた。人生を共に歩んだ愛する連れ合いに、会うことも別れの言葉かけをしてもらうこともなく孤独に旅立つというのは、こんなにも苛酷なことなのかと気づかされたのだ。

きっかけの二つ目は、四月半ばになって、今度は国内の初老の男性患者Ｓ氏が亡くなったことだった。三月下旬から入院し、重症化したため、最後は人工呼吸器をつけて生命を維持していたのだが、その間、家族と会うことが全くできずに、孤独な最期を迎えた。

聖マリアンナ病院の看護部には、たとえ患者の救命ができなくても、その人らしく最期を全うできるように患者・家族を支えていくという心得があった。それだけに、コロナ重症患者専用病棟の看護師たちは、無力感を抱えながら、「何かできないだろうか」と語り合った。

副院長で救命救急センター長の藤谷茂樹・救急医学主任教授も、患者S氏の入院以来の経過を見ていただけに、「これではいけない」と痛切に感じた。

看護師たちは、「何かできないだろうか」と思っても、連日の苛酷な勤務状況の中で、患者と家族をつなぐケアの実践的な取り組みをどうすれば実現できるか、なかなか見出せないでいた。だが、重症患者専用病棟の責任者でもある救命救急センター長が、対策を真剣に考え始めたことで、組織が動くことになった。

藤谷教授が考え出したのは、治療と看護に追われている医師や看護師とは別に、「家族ケアチーム」を編成することだった。藤谷医師は、すぐにその案を、病院長が指揮する対策会議で提案した。いくつもの専門分野からの協力が必要だからだった。四月から新たに就任した大坪毅人《たけひと》病院長は、「それは大事なことだ」と、全面的に支持した。看護業務を統轄する本舘教子《もとだてのりこ》看護部長も、「患者・家族の思いに応える方法として、看護師たちが願っていることだ」と言って賛同した。

「家族ケアチーム」は、メディエーター一名、医師一名、診療看護師一名、看護師四名、医療ソーシャルワーカー一名の計八名で編成されることになった。中心になるのは、現場とチームのコーディネート役を務め、自らも患者・家族ケアに携わるメディエーターだ。

メディエーター役に指名されたのは、移植医療支援室の中村晴美主査だった。中村主査は神奈川県の移植コーディネーターも務めていて、臓器提供をするドナーの家族と臓器を受けるレシピエントのそれぞれをフォローするという調整役を長く経験していることに加えて、看護師として医療の現場経験も積んでいる。コロナ患者と家族のコミュニケーションの仲介役をしたり、家族に患者の病状説明や最期を迎えた時の様子の説明をしたりする役割を果たすのに一番適していた。「家族ケアチーム」は、四月半ば過ぎに活動を開始した。

中村主査は語る。

「家族への日常的な連絡は、集中治療室に新たに設置した固定電話を使って行いました。いつも念頭に置いたのは、たとえ家族が面会できなくても、安心してもらうには、どのように情報を伝えたり説明したりするのがよいかということでした。家に残された家族が一人だけでいると、どうしても落ち込んでしまいますので、そうならないよう、会話には気を遣いました」

オンライン面会小屋の活用

家族とのコミュニケーションは、電話だけでなく、iPadを使って対面する方法も実施された。集中治療室には、以前から数台のiPadが用意されていたので、それを使うことにしたのだ。

集中治療室のドアの手前には、全体の状況をモニターで把握できる管理コーナーがある。集中治療室は防護服を着ないと入れないが、管理コーナーまでなら、スタッフはそこまで完全防護をしなくても出入りできる。室内のベッドサイドとその管理コーナーをiPadでつないで、業務に使うようになっていた。

そのiPadと屋外に設けてあるプレハブのオンライン面会小屋のiPadをつないで、訪れた家族と患者が画面を通して面会できるようにしたのだ。このオンライン面会小屋は、感染症SARSの騒ぎが近隣国であった後、同じことが日本で起きたら、入院患者と家族の面会ができなくなると予測されたことから、五年ほど前に設置されたものだった。

聖マリアンナ病院のコロナ重症患者専用に充てた集中治療室は、外来や一般病棟のある本館とは別の棟にある。その別棟の通用口から出て七～八メートル先の敷地内仕切り塀の手前に、一坪ほどの面積のオンライン面会小屋が建てられている。家族が面会に来ると、「家族ケアチーム」のスタッフがその小屋に案内して、iPadの画面で病床の患者と対面できるようにしてあげるのだ。そうしたかかわり方は、必ずしも死が避けられなくなった重篤な患者だけでなく、重症患者にも広げられた。いくつかのエピソードを記そう。

最期の刻に会えない恐怖

中年の男性患者Tさんは、子どもがなく、親密な身内も少ないため、夫人と二人だけで人生を過ごしてきたようだった。症状が重く、回復が危ぶまれた。病院に来た夫人は、オンライン面会小屋の中で、画面の夫に対し、哀願するように語りかけた。

「お願いだから、先に逝かないで。ずっと一緒に生きていこうと言ってたじゃないの」

Tさんは、絞り出すような声で言った。

「愛してるよ」

Tさんは、間もなく帰らぬ人となった。

スタッフは、夫人が最後の別れができるように霊安室に招いた。棺の中のTさんは、顔が見えるように、透明なビニールの納体袋に包まれていた。出棺を見送った後、夫人はケアスタッフに涙しつつ言った。

「志村けんさんが亡くなった時のことをテレビで見ていたので、主人とはもう絶対に会えないと思っていました。でも、主人の顔をしっかりと見て、お別れの言葉をかけることができました。ありがとうございました」

もう一人、七十代後半の男性患者Fさんは、重症だったが、懸命の治療で何とか回復の可能性が見えてきた。しかし、ウイルスに侵された肺など身体機能の回復のテンポは遅かった。入院から一か月以上経っていた。自宅は遠い地方にあったし、緊急事態宣言の発令中で聖マリアンナ病院まで出かけることはできなかった。

夫人は毎日のようにケアスタッフに電話で泣きながら訴えた。

「もう長いこと、主人と会えないので心配しているんです。ただただ不安でなりません」

しかし、息子さんがたまたまｉＰａｄを持っていて、使いこなせることがわかり、病室のｉＰａｄとつなげることができた。夫人は画面に映る夫の表情が思っていた以上に元気そうなので、「とても安心しました」と言って喜んだ。Ｆさんは、その後退院することができた。

夫を亡くした妻の手紙

聖マリアンナ病院のホームページには、遺族や一般の人々から寄せられる医療スタッフへの応援メッセージのコーナーがある。そのページに、コロナ感染症で亡くなった五十代男性の妻が寄せた手紙が掲載されている。その手紙は、同病院における死にゆく患者への誠心誠意の対応の情景を彷彿とさせるとともに、人は愛する者を不条理な死で喪っても、誠意のあるケアに支えられると、悲しみから精神性の高い再生をすることができるのだということに気づかせてくれる。手紙の中の感銘深い文を抜粋して紹介させて頂く。

〈私達夫婦がコロナウイルスにかかり、主人は聖マリアンナ病院で亡くなるまでお世話になりました。その間（軽症の）私は自宅療養で病院に行くこともできず、一日に一度連絡を頂ける事が本当に心強く有り難かったのです。

残念ながら主人は亡くなりましたが、スタッフの皆様は本当に親切に、そして懸命に治療にあたってくださったのが、すぐにわかりました。お忙しい中、伸び放題だった主人のひげを剃って綺麗にして下さり、（ｉＰａｄによる）モニター越しに何度も会わせて下さいました。

入院してずっと会えなかった主人に寄り添って下さった看護師さんが「聴力は最後まで残ることもあるそうですよ。ご主人に話しかけてあげてください」と言ってくださいました。伝えられないままに見送る事にならず声をかけることが出来て今もとても有り難く思います。

テレビなどで、コロナウイルスで亡くなると、納棺してしまったら顔を見ることは出来ないと聞いていたので、諦めていたのですが、皆さんがとても綺麗にしてくださったので、主人はやっと病気の苦しみから離れて、いつもの様に穏やかで安らかに眠っている様な姿でした。（中略）

皆さんが本当に患者一人一人に寄り添い、救おうとして下さる事に、私は感激するばかりです。お疲れでしょう。本当に大変でしょう。皆様におかけする言葉などすぐには出ないです。ですが一言だけでもお伝えしたいのは、本当にありがとうございます、この言葉です。（中略）

皆様にして頂いた全てが、主人の顔に出ていた気がしてなりません。最善を尽くしてもらって、主人は私達の前に戻ってきてくれました。思い出すのがつらい表情では無く、今も思い出して微笑んでしまうような、安らかになった最後の顔です〉

家族ケア重視の原点

コロナ禍の中で、家族が患者に付き添うことも、最期の看取りもできないという状況への対応策として、「家族ケアチーム」というシステムを設けたのは、聖マリアンナ病院だけではなかろうか。

救命救急センター長の藤谷医師に、「家族ケアチーム」の取り組みを考え出す発想の背景にある条件は何かについて尋ねた。

答えは、次の二点だった。

一つは、自治医科大学を卒業後、地方のあちこちにある中小の病院に勤務したことだという。大学病院にいると、研究の視点が強くなるし、大都市の総合病院にいると、専門分野の技術を磨くことや治療成績を上げることに関心を向けがちになる。これに対し、地方の小さな病院で診療していると、患者の背景にある生活や家族が否応なしに視野に入ってくる。病気をただ疾患として捉えるだけでは、患者のケアにならない。生活や家族関係の中で、患者が背負っている病気や闘病の意味のことを考えないと、真に患者のための医療にならないという、まさに全人的医療の思想が身についていたと言えよう。

もう一つは、専門の救急医学は、様々な診療科を視野に入れた総合的な取り組みが求められると共に、即断を迫られることが多いという特質がある。つまり、この患者に今必要なことは何かと、総合的な広い視野の中で、速やかに判断しなければならないのだ。

このような医療への姿勢で、生命の危機を孕むコロナ患者と向き合うと、本来患者の傍にいるべき家族が排除されている不自然さが見えてくる。

藤谷医師が「これではいけない」と痛感したのは、以上のような個人史が背景にあったと言えるだろう。

国の感染症対策の拠点で

国のあらゆる感染症対策の中核としての役割を担っている国立国際医療研究センター病院のコロナ重症患者対応はどうだっただろうか。

海外のどこかで新たな感染症の発生や拡大が生じると、組織の一翼である国際感染症センターが、その感染症の日本への侵入と拡大を防ぐ司令塔の役割を果たすとともに、自らも患者の診療にあたる。

国際医療研究センター病院が最初にコロナ患者を受け入れたのは、一月二十七日で、国内では三例目だった。

　二月半ば過ぎから、東京都内での感染が広がる気配を見せ始めると、国際医療研究センター病院に入院するコロナ患者が徐々に増えて、三月半ば以降急増した。三月一か月の入院患者数は三十八人、さらに四月は八十人にも達した。

　コロナ患者の治療には、病状に応じて専門の違う複数の医師や看護師などがかかわることになるため、入院患者数が多くなると、大変なマンパワーの動員が必要になる。三月から四月にかけての入院患者数の急増ぶりを見ると、コロナ患者専門病棟の現場が、いかに緊迫した状況になっていたかが想像できる。

　一月末から八月末までの七か月余りの期間に、国際医療研究センターで入院治療を施したコロナ患者は二百七十六人を数えた。このうち人工呼吸器やＥＣＭＯを使わざるを得なかった重症患者は、二十二人だった。その多くは回復して退院することができたが、六人が亡くなった。

　コロナ患者治療の中心になったスタッフの一人、総合感染症科の森岡慎一郎医師によると、重篤な状態になった患者に、どう話すかは難しい問題だったという。

「患者さんは、自分のいのちが危なくなっていることを、ある程度自覚していたと思うのです。人工呼吸器を使うためには、口から挿管しないといけませんから、病状と挿管の必

要性について説明します。すると、患者さんの中には、不安な気持ちから、

『私は死ぬのでしょうか、助かるのでしょうか？』

『どれくらいの割合で死ぬのでしょうか？』

といった質問を投げかけてくる人がいました。

どう答えるべきか悩みましたが、患者さんは必死の心境でしょうから、真摯に向き合うしかありません。四月頃から、各医療機関から治療成績のデータが集まってくるようになり、それらを分析すると、人工呼吸器やＥＣＭＯを使った重症患者の治癒率はかなり高く、十人中七人までが回復に転じていることがわかりました（柳田注、夏に入った頃からはさらに治癒率が向上する）。しかし、そのデータでは逆に見ると十人中三人は亡くなっているのです。目の前の患者さんには、そうした事実を誠実に説明するとともに、自分たちは最善を尽くしますと申し上げました」

注目すべきことは、国際医療研究センターでは、一五年に韓国で流行したＭＥＲＳの医療現場の状況を見て、患者・家族間のコミュニケーションの重要性を認識して、ｉＰａｄ十台を購入して集中治療室などの感染症専門病棟でいつでも使える体制を整えていたことだ。

森岡医師の話を続ける。

「家族が自宅にタブレットやスマホを持っている場合には、病棟のｉＰａｄとつないで、互いに顔を見ながら会話をすることができるようにしました。

タブレットもスマホもない家族の場合は、病院に来て頂いて、別室でｉＰａｄを使って対面してもらいました。

亡くなることが避けられない状態になったある患者さんの場合、家族の切実な願いもあって、例外的にですが、家族一人だけ、予備の防護服をやりくりして着て頂き、病棟に入って最後の言葉かけをできるようにしてあげました」

患者・家族ケアの課題

森岡医師は、患者・家族ケアの今後の課題として、次の四点を挙げた。
1．一般の人々が、普段から、新型コロナのような感染症になったら、本人と家族のそれぞれがどのように対応するかを話し合っておく。重症化すると、気管内挿管などによって発語できなくなる。その状態になってからでは、患者・家族間の意思疎通が十分にできないことが多い。そこで医療側からの通常時や入院直後の啓発活動が必要となる。
2．感染症の症状が進行した場合（特に死が避けられなくなった場合）、痛み苦しみのない穏やかな最期を迎えられるようにする（がんの末期患者の場合とは違う）感染症独自の緩和ケアの考えと方法を、医療界で確立する必要がある。

３．患者・家族間のコミュニケーションを可能にするタブレットなどの映像通信手段を、医療機関は整備する。

４．遺族ケアのシステムを新たに設ける。感染症死は、面会、付き添い、別れと看取りが規制されるので、遺族の心には、様々な悔いや悲しみや無念の思いがトラウマとなって残ることが多い。がん死のホスピスケアには、遺族の喪失感に対するケアも含まれているが、感染症死は、心の準備のない突然死に近く、がん死の遺族ケアとはかなり異質だ。未開拓の領域と言える。この課題には、ホスピスケアを参考にしつつも、患者・家族の身になって、新たな遺族ケアのあり方を考えるべきだ。

以上が、森岡医師の提案だ。

感染症死の場合は、脳卒中や心臓麻痺と違い、病状の進行から死に至るまでには、多くは数日から二〜三週間の時間がある。しかし、時間があるのに、感染症防護のために面会も許されず、「さよなら」のない別れとなるという特殊な面があり、それが遺族の心にトラウマを残すことになる。

急性医療の専門医の立場からは、遺族ケアの問題まで背負うのは無理だと考えるだろう。

だが、患者の死に関して、医療が取り組むべき範囲という問題を、歴史的な視点から考察すると、別の発想が生まれてくる。

死者の黒タグを超えて

災害・事故死に対する救急医療のこの二十年ほどの変化を振り返ってみる。

六千人余が死亡した一九九五年の阪神・淡路大震災の発生時。救急隊などは、急がなければという意識から、死者も重傷者も区別なく病院に搬送した。このため、最優先で搬送すれば救命できた重傷者が後回しになり、死者や軽傷者が先に搬送されるという混乱が生じた。

救急医学会では、この問題を重視して、救急活動にトリアージという方法を導入した。一刻を争って治療すべき重傷者に赤タグをつけて最優先で搬送し、中等の負傷者は黄タグをつけて応急手当てをして、現場でしばらく待ってもらう。死者は黒タグをつけて、とりあえず現場に安置するか安置所に搬送するという取り組みだ。当事者にとっては過酷なことだが、重傷者救命の視点では、やむを得ない合理性のある方法だ。

十年後の二〇〇五年、ＪＲ福知山線で通勤時間帯の快速電車の脱線転覆事故が発生し、六百数十人の死傷者が出た時、救急隊はトリアージのタグの色に従い搬送を実践した。救急医学会は、トリアージは完璧だったと評価した。

ところが、神戸赤十字病院で、死亡者の遺族のケアにあたっていた心療内科の村上典子医師が、翌年、災害医療の学会で一例を挙げて、重要な問題提起をした。乗客の母親が現場に駆けつけたところ、大事な若い息子が黒タグをつけられて病院に運ばれることもなく、時間が経ってから遺体安置所に運ばれたことを知り、ショックを受けた。《もしすぐに病院で蘇生術を受けたら助かったのではないか》と、無念の思いを引きずって辛い日々を過ごしているというのだ。遺体安置所に担当者がいて、駆けつけた家族に収容時の事情などを丁寧に説明すれば、家族の受け入れ方が違っていたはずだと、村上医師は提案した。

この問題提起に、関西地区の救急医や法医学者の中心的な人たちが共感を示し、アメリカで実践されている「災害遺族支援チーム（DMORT）」の研究会を間もなく発足させた。DMORTは、負傷者の救出・搬送にあたる救助チームとは別に、災害直後から死者の遺族のケアにあたる専門家のチームのことだ。DMORT研究会は、全国各地の関係専門家に呼びかけて会員の拡大と研修を進め、二〇一三年の伊豆大島土石流災害や二〇一六年の熊本地震では、遺体安置所に専門家を派遣して、遺族のケアにあたった。

〝人間救済〟の視点

がんの終末期医療にしても、昔から緩和ケアの取り組みがあったわけではない。時代を変えたのは、一九六七年、英国のシシリー・ソンダース医師が、がん末期でも患者が穏やかに過ごせる新しい疼痛治療法を開発して、はじめてホスピスを作ったことと、アメリカの精神科医キューブラー＝ロス博士が、死が近づく患者の心理変化を数百人の患者を対象に面接調査をして分析した画期的な論文を発表して、末期患者の心のケアの重要性を訴えたことだった。

日本では、七〇年代後半以降、死の臨床への取り組みが始まり、九〇年代には緩和ケア病棟が公的に認可されるようになった。この変化は、つい最近のことなのだ。

このように、伝統的な医学医療の考え方では、そこまではとてもできないと言われて切り捨てられていた取り組みでも、患者の身になって視点と発想を切り換えると、新しい道が開拓され、それが患者・家族の納得感や心のケアに役立つ新しい医療の分野を確立することになるのだ。そういう事例が、近年は少なくない。

医学の進歩には、ノーベル賞級の研究も重要だが、患者・家族のこころのケアの領域における取り組みの発展も、〝人間救済〟という視点からは、同じように重視すべき時代になっていると見るべきだろう。

国際医療研究センターの森岡医師はコロナ患者、家族へのケアに関して、パンデミックの最中《さなか》に四つの提言をしているが、その問題について、さらに考察を深めたい。

【オンライン面会の拡充】

取材して見えてきたのは、タブレットなどを介してのオンライン面会は、厳しい面会規制の中では、「家族に会いたい」「患者に声をかけたい」という切実な願望に応える方法として、極めて有効であるということだ。しかし、医療機関によって、タブレットなどの準備状態には、大きな差がある。

永寿総合病院緩和ケアセンター長の廣橋猛医師は、緩和ケア病棟のがん末期患者までが、コロナ感染防止のために家族と面会できなくなった苦い経験から、全国の緩和ケア病棟にタブレットを備えようという活動に取り組んだ。

緩和ケア病棟の患者は、人生の残り時間が限られている。それだけに家族とともに過ごす時間は、かけがえのないものだ。それができないというのは、感染症重症患者に劣らず深刻な問題だ。その難題を乗り越える次善の策として、緩和ケア病棟にタブレットを備えて、オンライン面会を可能にしようというのだ。

　具体的には、自らを含む全国の主な緩和ケア病棟二十七か所の医師の協賛によるプロジェクトを立ち上げてクラウドファンディングを始め、集まった資金でタブレットと備品を購入し、各地の緩和ケア病棟に一台または二台ずつ寄贈するというのだ。この企画には、医療関係者や緩和ケア病棟で家族を看取った遺族約五十人などから賛同の声が寄せられ、その年（二〇二〇年）六月末までに一千六百万円以上が集まり、全国の緩和ケア病棟のほぼ半数の二百か所以上に寄贈することができた。同時に、廣橋医師は、患者・家族がオンラインで心の通い合った会話ができるように配慮するマニュアルを作成して配布した。コロナ禍の異常事態の中での患者・家族支援の活動として、画期的なものと言えよう。

　だが、この募金活動は、緩和ケア病棟を対象にしたものだ。コロナ患者を引き受けた病院はどこも財政状態が一段と苦しくなっている現実の中で、患者・家族ケアにかかわる設備やマンパワーの整備を、個別の医療機関の自助努力にまかせておくべきではなかろう。

　がん患者の緩和ケアに対する公的医療支援のように、感染症病棟での重症患者と家族へのケアに必要な経費についても、公的な支援が検討されて然るべきだ。

専門スタッフの人材確保を

【患者・家族ケアチーム】

感染症患者が重症あるいは重篤になった場合、タブレットで家族と対面できれば、それだけで患者・家族のケアは完結するかというと、決してそうではない。患者と家族が求めているものは何なのか。不安やフラストレーションを少しでも和らげるには、どのような言葉かけや説明が必要なのか。患者・家族が周囲の目をはばからずに心置きなく話し合えるようにするには、どのように対応すればよいのか。そういった問題について深く配慮してかかわるには、やはりそれなりの専門職が必要だ。

そのためには、感染症関係の医療機関には、専門職による「患者・家族ケアチーム」を置く必要がある。

専門スタッフとは、聖マリアンナ病院の「家族ケアチーム」で見られたように、コーディネーター、医師、ベテランの看護師、臨床心理士、精神科医、医療ソーシャルワーカーなどだ。もちろんこれらのスタッフが一つの部屋に常駐して、全員でケアにあたるわけではない。必要に応じて集まり、問題に応じてどの専門スタッフが対応するかを決める。また、家族への日常の連絡は、内容により医師かコーディネーターが担当する。

これだけ多様に対応できるマンパワーを整えるとなると、当然それ相当の専門職を確保しなければならない。その経費は、コミュニケーションやケアに必要なタブレットなどの整備費用と一体のものとして、公的な財源から支援すべきだろう。

家族が引きずるトラウマは深い

【看取りと別れ】

人が最期を迎える時、家族が傍にいて声をかけ看取ること、棺の蓋を閉じる前に、清められた顔を見て別れの言葉をかけることが、その後を生きる家族にとって、いかに大事なことであるか、その重要さは、コロナ禍でそれができなくなった時に家族が引きずるトラウマの深さによって改めて気づかされたことだった。

今回の取材では、看取りの刻ではなかったが、家族が防護服を着て集中治療室に入り、患者と直接面会することが例外的に許されたことで、家族の心のトラウマを軽減できた例があることがわかった。

また、亡くなった後、顔のところを透明にした納体袋に納めて、家族に防護服を着せて室内に入るのを認め、別れの言葉かけをする機会を設けた例や、霊安室からの出棺を見送るのを認めた例があった。

医師が柔軟な発想によって、家族への感染防止策を十分に取ることで、そうした別れの対面を可能にしたのだ。課題は、防護服などの感染防止用具が医師・看護師でさえ不足していたことだ。そうした用具は、医療機関の備蓄体制を確立して、大事な局面では、家族がケアチームのスタッフの案内で、病棟内に入れるようにする対応を探ることが望まれる。

【理念の確立を】

重要なことは、患者・家族ケアがなぜ治療と同等に必要なのかという理念が、医療界と行政の双方において確立されることだ。

同時に、一般人が感染症でいのちの危機に直面した時にどうすべきかを家族同士で決めておく、新しいリビング・ウイルが求められることになるだろう。

この時代に問いかけるもの

コロナ死は、最後の面会も看取りも別れも規制されるという異常な別れ、まさに「さよならのない死」をもたらすことによって、家族の中での死別のかたちが、いかに重要であるかということを、鮮烈に浮かび上がらせた。

ましてコロナの感染爆発は予想もしていなかった災厄であったがゆえに、日常の中で霞んでいた突然の死というものを、私たちの眼前に曝け出して見せつけてきた。

立ち止まって振り返ってみると、「さよならのない死」という不条理な死、しかも大量死は、実は身近なものだったのだ。

東日本大震災によって一万八千六百人以上が犠牲になり、そのうち約二千数百人は行方不明のままだ。二〇〇五年のJR福知山線脱線転覆事故では、出勤や通学のために家を出ていった人たちなど百六人の乗客がいのちを絶たれた。一九八五年の日航機墜落事故では、乗客乗員五百二十人のいのちが、御巣鷹山に散った。

先の戦争では、将兵と市民約三百十万人が犠牲になったが、南方の島々や大陸で戦死・病死・餓死した軍人の多くは、死亡の具体的な状況はわからず、遺骨も戻らないままになっている。広島・長崎での原爆死は、一瞬のうちに人間を黒焦げの塊にした。

問題は、死者の数の多寡ではない。問われるべき問題は、一人ひとりの死、一つひとつの別れをしっかりと見つめることによってはじめて見えてくる。一人の死は、本人にとっては地球の消滅である。大事な人との死別は、残された者にとっては、人生の挫折である。

「さよならのない別れ」の重い意味は、まさに一人の死に焦点を絞ることによって切実感をもって理解できるようになるのだ。

　そういう視点で死を見つめると、災害死も事故死も、戦争死も、そしてコロナ死も、それらはすべて、人生を共有する者のつながりを「さよならのない死」という刃で切断する凶器であるという共通項がはっきりと見えてくる。

　このところ「コロナ後の世界」という角度からの論考が提起されている。いのちの営みを不条理に切断されずに平穏に「さよなら」を共有できる社会を取り戻すためには、災害死、事故死、悪性感染症死、戦争死を根絶させる多角的、総括的な議論を広く展開すべき時期に来ていると、私は痛感している。

4章

わが心に生きる先人たちの「死後生」

（1）日野原重明先生からの「生と死」の学び30年

意表を突くユーモア

日野原重明先生が満百歳の誕生日を迎えられたのは、二〇一一年十月四日のこと。その五日後の十月九日日曜日、東京湾岸の幕張メッセで開かれた日本死の臨床研究会年次大会の初日、午前十時過ぎから、その日のプログラムの目玉として日野原先生の特別講演があるというので、会場は二千人を超える会員でいっぱいになっていた。

私は二番手の次の講演を引き受けていたので、最前列の席に座っていた。入口から研究会の人に案内されて入って来られた先生は、百歳とも思えない爽やかな歩き方で壇上に上がると、舞台左手の演台でハンドマイクを手に取り、何もない中央に進み、原稿もメモも持たずに立ったままの姿勢で講演を始められた。舞台は高さが五十センチもないくらいの低い平台の仮設のものだったので、最前列にいた私は、先生の姿を間近に見つつ、耳を傾けていた。ふと気がつけば、先生のネクタイの締め方が少し乱れていた。前の幅広の部分が短く、後ろの細い部分が長く下がっている。結び目も少し横にずれていた。

　先生は、そんなことはお構いなしに、老いていかに前向きに生きるかについて、時折自身の日常やユーモアを交えつつ、立ったままで話を続け、ぴったり九十分で講演を終えられた。

　私は舞台から下りられた先生に、一言「百歳記念の講演、感銘を受けました」とご挨拶をして、壇上に上がった。そして、先生はそのままお帰りになられたと思って、少々失礼かなと思いつつも、冒頭にこう話した。

「皆さん、日野原先生の講演、いつもながらに感銘深い言葉がありましたが、先生のネクタイに気づいた方はおられますか。ネクタイの結び方が少しずれていましたね。私はそのネクタイから、先生が朝早くからお出かけの準備をされる情景を思い浮かべました。午前十時までにこの会場に駆けつけるには、八時には世田谷区のご自宅を出なければならない。奥様が入院されているので、早朝でもネクタイなど身支度の準備をおひとりでなさる。百歳にしてなおも失わないそういう自律心の強さ。私は先生の後を追う若輩として、講演の中身以上に、そのことから大きな学びを得ました」

ところが、私が講演を終えて、壇上から下りると、お帰りになったと思っていた先生が出口近くの席から立ち上がって、笑顔で近づいて来られるではないか。そして、私に握手をすると、こう言われたのだ。

「柳田さん、私について紹介してくださったさっきの話、面白かった。近く医学関係者が集まって私の百歳を祝ってくださる会があるので、同じ話をそこで話していただけませんか」

「ハ、ハイ……」

意表を突かれて、私はしどろもどろだった。

日野原先生はなかなかのヒューモリスト（ユーモアを心得ている人）で、死の哲学を普及させたアルフォンス・デーケン先生の古稀を祝う会でマイクの前に立った時には、こう励ましの言葉を贈ったのだ。

「私の九十歳記念に出した『生きかた上手』はよく売れています。私は間もなく九十一歳ですが、その日までに九十一万部に達するのは確実です（爆笑）。デーケン先生、これからです。私の年まであと二十年というのは長いですよ（再び爆笑）。これからは売れる本を書いてください」

デーケン先生は真赤な顔になって笑っておられた。

百三歳になった頃から、講演をする時、杖や車椅子で登壇することが多くなったが、二年前の初夏の頃、ある会場では、演台の前に立つと杖を聴衆に見せて、「本当は私はこんなものはなくてもいいんです」と言うや、杖を舞台の袖奥の方へポーンと放り投げて、人々をびっくりさせた。それは自身の脳に元気印を押印するためのパフォーマンスだったのかもしれない。

少女の魂の叫びと悔い

日野原先生は、はじめてお会いしてからずっと、二十五歳も年下の私をまるで目をかけた学生を育てるかのように、いつも気にかけてくださった。

はじめてお会いしたのは、一九八〇年十一月のことだ。緩和ケアという用語も取り組みも、一般にはまだ知られていなかった時代だった。発足して間もない日本死の臨床研究会が一般市民向けの啓発講演会を東京で開いた時、日野原先生は「延命の医学から生命《いのち》を与えるケアへ」と題する講演をされた。

その中で先生は、現代の医療が延命治療に偏り、人生の中で最も重要な穏やかな旅立ちとそのためのケアへの取り組みが配慮されなくなっている当時の現実を象徴的に示すものとして、自らの苦い体験を二例、語られた。

一例は、京都大学医学部を卒業して医師となって間もなく、はじめて経験した十六歳の女工をしていた少女の死だった。結核性腹膜炎が進行して死期が近いことを自覚した彼女は、若い日野原医師に言った。

「お母さんには心配をかけ続けで申しわけないと思っているのです。お母さんはお父さんがいないので、お仕事が忙しくて病院に来られません。どうか私が申しわけないと思っていたことを、お母さんに伝えてください」と。

しかし日野原医師は、少女に死への不安を抱かせまいとする思いが先走って、少女の魂の叫びに耳を傾けようとせずに、「あなたは元気になるのです。そんな気弱になってはいけません」と励ますことしかしなかった。

「なぜあの時、お母さんにしっかり伝えてあげますから安心しなさいと、少女の魂を癒やす言葉をかけてあげられなかったのか」

講演のなかで懺悔するかのような潤んだ声で切々と語る先生の真摯さに、私は激しく心を揺さぶられた。この時、先生は聖路加看護大学（現聖路加国際大学）学長で六十九歳。

私は四十四歳だった。

　講演で語られたもう一つの例は、講演のつい二か月前のことだという。聖路加病院で夫を亡くした五十歳の女性が、日野原先生を学長室に訪ねて来て訴えたのだ。亡くなった患者の担当医は外科だったが、内科医の日野原先生も長期にわたってかかわっておられた。

「先生、主人が外科の病棟で、一昨日亡くなりました。私は主人がいよいよ最後の息を引き取るときには、前から約束していたことを実行しようと、覚悟しておりました。それは連れ合いの冷たくなる手を握って、あの人をあの世に届けてあげようということでした。胃がんの全身転移というのに、どうして大勢の医師や看護師さんが、主人が急変したので処置をしますからといって、私を押し出すのでしょう。三十分後に呼ばれたときには、主人は冷たくなって横たわっておりました。先生、これからがん末期の患者さんには、荒々しい蘇生術などしないで、家族を患者の傍に置いてあげてください」

　この夫人の訴えに対し、日野原先生は、講演で、

「私はこれに対して、全く返事をする言葉を知らなかったのであります」

と短く言って、しばらく沈黙した。

　これら二つのエピソードのうち、第一例は戦前のこと、第二例はがんの終末期における緩和ケアの取り組みがいまだ未成熟だった一九八〇年のことだ。それでも、人間の死と向

き合う医のあり方について普遍的な問題を提起するエピソードであることは確かだ。

この講演内容は、その後出版された先生の著書『死をどう生きたか』（中公新書）に収録されている。そして三十年以上経った二〇一五年秋、私は共同通信の求めで地方紙向けに執筆した愛読書についてのエッセーでこの本を紹介し、「『生と死』に関する私の思索と執筆の『原典』となった」と書いた。

すると、「不思議な邂逅」と言いたい現象が起きた。私のエッセーが各地の地方紙に掲載されたのと同じ日に、日野原先生が朝日新聞の連載コラムで『死をどう生きたか』についての回想を書いておられたのだ。

――これは単なる偶然ではなく、先生に学び続けたあなたの人生遍歴の自然な到達なのだよ――。そんな天の声が聞こえた。まさに河合隼雄先生の言われる「意味のある偶然」と言うべき出来事だと感じた。

オスラー博士に心酔

では、既述の二つのエピソードが、医のあり方の普遍的な問題を提起しているとはどういうことなのか。そのことについては、先生が前記の二つの体験を紹介する前段として、哲学者ハイデガーの言葉を引用して述べられた、日本の医学書ひいては医学教育の欠落部分についての批判的な論述で示されている。

ハイデガーの言葉とは、「山々の連なる山並みの、最高の山脈として、人間存在の最後の死があるのだ」というものだ。

この名言に続く先生の議論は、こうだった。英米の内科学の医学書を見ると、このハイデガーの言葉通りに、冒頭に患者のケアというテーマで、死と死にゆく患者に対するアプローチについて書かれている。ところが、日本の医学書を見ると、最も重要な死に関する総論がない。「なぜ日本の医学書は、人間存在の最高の山脈である死に関する総論を削除して、各論だけを教えるのか」と、先生は問いかけたのだ。そういう医学教育の結果が、前記の二つのエピソードのような事態をもたらすというのだろう。私は、先生の医学原論と言うべきものに、いきなり接した思いがしたものだ。

日野原先生の講演の後、私は会場で直接お会いして、感銘を受けたことをお伝えすると、先生は日を置かずに医学専門誌に連載中だった、医学史に名を残すカナダ出身で米国などで活動した内科医ウィリアム・オスラー博士の伝記の既刊号分の別刷をどさっとまとめて送ってきてくださった。このオスラー伝は、一九七二年から連載を始めたもので、一九八二年まで十一年間にわたって続けられ、一九九三年に日野原重明著『医の道を求めて　ウィリアム・オスラー博士の生涯に学ぶ』というタイトルで八八二頁に達する分厚い大著にまとめられ、医学書院から刊行された。

オスラー博士（一八四九〜一九一九）は、主にアメリカのジョンズ・ホプキンス大学医学部教授として内科学の発展と医学教育の充実に貢献して欧米で広く知られるようになった。オスラー博士に日野原先生が心酔したのは、博士が、哲学・文学・宗教にわたる豊かな学識と教養を持ち、そのことを基盤にして、疾患や臓器だけを診る医療でなく、患者を人間として診る全人的医療を実践するとともに、そのような医師養成に力を注いだ点にあった。

日野原先生がいかにオスラー博士に心酔し、その人間像に学ぼうとしたかは、オスラー博士自身の著書や関係文献を広範に収集して、それらすべてを精読したことが示している。しかも、それらの精読と伝記の執筆を、臨床医としての勤務や病院と看護大学の運営の仕事に精力を注いだ六十歳代から八十歳代はじめにかけてやり遂げたのだ。そのことは、医師として円熟期に入った時期においても、なおも自らの内面の充実と精神性の向上に努力することを厭わなかったことを示している。その生き方こそ、九十歳になっても百歳になっても、みずみずしい精神性を持ち続け得た根源となったと言えるだろう。

今にして振り返ると、私がはじめて日野原先生にお会いしてから、雑誌連載のオスラー伝記の別刷を私に送り続け、最後に大作の単行本として刊行されるとすぐに五千円近い（当時）その本もプレゼントしてくださったのは、《あなたもオスラー博士の伝記を通して、人間観を豊かにする学びをしなさい》というメッセージだったのかもしれないと思えてならない。

いくつになっても創《はじ》める心を

日野原先生がオスラー博士の影響を強く受けたことは、先生が著したオスラー伝の中に紹介されているオスラー博士の名言と、先生が語る言葉が相似形をなしていることからもわかる。

例えば、先生は患者と接し患者から学ぶ姿勢がいかに重要かということを強調しておられた。オスラー博士は、そのことを次のような表現で説いているのだ。

「『飢えた羊は食べものをもらおうと顔をあげるのに、充分な食物を与えられていない』ということはあまりにもよくあることだ。飢えた羊の学生に与えられてきたのは、病棟というパンではなくて、講義室や階段教室という石ころである」

「三、四学年の学生にとって、病院こそ大学である」

これは小中学生の教育における野外学習、現場学習の重要性と共通の問題だろう。

先生は哲学者や文学者の名言を実に適切に、自分の語る文脈に溶け込ませて引用するが、その秘訣をこう語る。

「すばらしい言葉に出会ったら、必ず原典に当たり、その人物と文脈を理解するようにすると、好きな文句は必要な時にすっと出てくるものです」

この言葉は、言葉で表現活動をする作家の私にとって、手本とすべき名言となっている。実はオスラーもこう言っているのだ。

「著者と著作というものは、必ずやいっしょに学ばなければなりません。（中略）著者はその本であり、その本はその人であるからです」

前記のように、先生が哲学者などの名言を引用することが多いとはいえ、自分の文脈に溶け込ませるために、名言を原典のままでなく、時には簡潔に短縮した名言に創り直すこともあった。

日野原先生が思考力を衰えさせることなく、精神性の高い人生を送り続けられたのはなぜか。私なりに考えたことがある。

一つは、穏やかで自由な牧師の家庭で育ち、若くして信仰心（キリスト教）をしっかりと持ったこと。そして、医学生時代に肺結核を患い、人の痛みや悲嘆を思いやる感性や、負の経験をプラスに転じる心の持ちようを身に付けたことがある。

さらに、医学に限らず多様な分野の人々と交流し、知的好奇心が旺盛で文学、哲学、芸術などの本を広く読んでいたこと。特に高齢になって以降、イスラエルの哲学者マルティン・ブーバーの思想を、

「いくつになっても創《はじ》めることを忘れない」

と翻案して信条としたことが大きい。八十八歳で絵本「葉っぱのフレディ」をミュージカルに脚色して舞台に立ち、九十八歳から俳句を、百歳から色紙に水彩で絵を描くことを始めたのは、その実践だった。

先生は九十歳になった頃から、エッセーや講演でしきりに高齢者に向かって、何か新しいことに挑戦する生き方をしようと呼びかけるようになったが、その呼びかけで必ず使うのが、マルティン・ブーバーの右記の言葉だった。

ちなみに、これはブーバーの言葉そのままではない。そのことは、著書『生きかた上手』中に詳しく書いてあるが、ある日、ブーバーが年長の老師と語り合っていた時、老師が「これまでの自分の考えをいっさい改めて、すべてを新しい目で見つめ考え直したい」と言った。ブーバーはその老師の発想の若々しさに爽快さを感じ、「年老いているということは、もし人が始めるということの真の意味を忘れていなければ、本当に輝かしいこと

だ」と受け止めたという。

このブーバーの言葉に触れて、先生は、生きている限り、新しい喜びを得ることに私たちはもっと貪欲であっていいと思い、それが「若々しい老いかた」だと捉えて、高齢者へのメッセージとして「いくつになっても創めることを忘れない」という〝ずばりひと言〟に結実させたのだ。

では、先生の人生の最後に創めたものは何かというと、それは、既述のように、九十八歳からの俳句、百歳からの色紙に水彩で絵を描くことを挙げることができよう。

人生の最終章を自ら書く

先生が医療におけるケアの重要性や「生と死」の問題について語る時には、歴史的に著名な人物のすばらしい言葉を引用することが多く、蓄積している言葉の多さにはしばしば驚かされる。その中の二つを記しておきたい。

医療における看護の重要性と看護師の地位の向上を社会的にしっかりと認識してもらおうと、国が五月十二日を「看護の日」と制定したのは、一九九〇年のこと。その年の春、「看護の日の制定を願う会」（発起人十名、私もその一人）が、ノンフィクション作家で自らがんと闘っていた中島みちさんの呼びかけで立ち上げられ、厚生省（当時）で担当課長らと会談をした時、「看護の日」をいつにするかで、案を出し合った。全員が一致したのは、やはりナイチンゲールの誕生日である五月十二日だった。

その時、発起人の一人になっていた日野原先生がこれからの看護師に目指してほしい感性の向上について発言され、ナイチンゲールの次のような言葉を紹介された。

「看護師たる者は、いまだ経験していないことであっても、それを感知する資質を持たなければならない」

人生経験も少なく、重い病気になった経験のない看護師が、病気で様々な苦悩を抱えている患者のケアにかかわるのだから、右の言葉は極めて重要なポイントを突いていると、出席者たちはみな頷き合った。

もう一つは、ある雑誌のいのちをめぐる先生と私との対談の中で引用された哲学者ソクラテスの次の言葉だ。

「医師もまた言葉を使う人である」

医学が高度に発達した現代医療の現場では、医師による説明が専門的なことや技術的なことに偏りがちだ。病気が進行したり、残されたいのちの時間があまりない状態になった時、心の通う会話がなされないと、患者の心は癒やされない。しかし、医師の中には、専門的な技術は優れていても、そういうコミュニケーションがうまくできない人が少なくない。医療技術の未発達だった古代ギリシャの哲人の言葉は、現代において新たな重みを持つようになったと言える。先生は、そういう意味をこめて、ソクラテスの言葉を引用されたのだった。

二〇一七年七月、上智大学グリーフケア研究所が毎年春と秋に開いている連続公開講座『悲嘆』について学ぶ」の春期の最終回の講師は、日野原先生になっていた。ところが、特任所長（当時）の髙木慶子先生から私に電話があり、日野原先生のご体調がよくないとのことで、講義の代役を依頼された。私はその役を引き受けたが、先生の病状が急変するとは思っていなかった。

七月十八日、先生がご逝去された後に行われた聖路加国際病院の福井次矢院長の記者会見での説明によると、二十一歳の学生時代に患った肺結核の後遺症に加え、高齢化に伴う心臓や消化器系、筋骨系などの機能低下が進んでいたという。この春から自宅で療養されていたが、経管栄養は断り、水分や栄養分の補給は口から入れておられた。福井先生の推測では、「人工的に管を入れて栄養分を補うことは、人間として自然な人生の終え方ではないと考えておられたのだろう」とのこと。日野原先生のかねてからの死生観に添ったものだ。

福井先生はまた、次のようにも語られた。

「日野原先生は、『年をとること自体が未知の世界に一歩ずつ足を踏み入れていくこと。こんなに楽しい冒険はない』という言葉を残されている。命が失くなるプロセスを客観的に眺める余裕を持たれていたのだと思った」

私はかねて人の一生というものは、どんな人でも一篇の大河小説に匹敵する内容があると捉えてきた。その大河小説は、十五章とか二十章などと多くの章で構成されている。人生の終わり近くになって振り返ると、その全体像が見えてくるのだが、残念なことに過去の各章は自分の意思で書いたものではなく、結果的にそうなっていたという場合が大半を占める。

しかし、家族の分離、超高齢化、孤独化が急速に進んでいる現代においては、人生の最終章と死の迎え方くらいは、納得できるような形に自分で創造していくようにしたいものだと、私はかねて語ってきた。そういう生き方を、

「自分の死を自分で創る時代」

と呼んできた。

日野原先生の九十歳以降の生き方を改めて振り返ると、まさに「人生の最終章を自分で書き」「自分の死を自分で創られた」との感慨を強く抱く。いや、九十歳以降ではなく、

先生の医師人生のほとんどすべての時間を、先生は自ら創造してこられたと言えるのではないかとさえ思う。

先生にお会いしてからの三十八年間、生き方や「生と死」についての本質的なことを、何と多く、しかも深く、学ばせて頂いたことか。心から感謝申し上げます。合掌。

(2)「死後生」を活性化させたデーケン先生のユーモア

日本の社会の中で、人は死を前にいかに生きるかという死生観と、大切な人を亡くした後をどう生きるかという人生観に、アルフォンス・デーケン先生は大きな影響を与えた。その活動の中心軸は、著書の執筆と、上智大での公開講演会と、喪失体験者らの「生と死を考える会」の全国展開の三つだった。

一九八〇年代初頭から積極的に取り組まれたこれらの活動に、私はいわば「聴講生」として参加し、時には講演者となって、デーケン先生や多くの人々と交流を深めた。デーケン先生との出会いによって、死別による悲しみから立ちなおり、心豊かな新しい人生を歩むことのできた人は多い。私はそうした人々の物語を肉声で聞くたびに、「死と復活」とは、こういう再生の歩みのことだと心に刻んだ。

八三年春のこと。心臓病だった十一歳の子を亡くした神奈川県の古谷小枝子さんは、人前では平静を装っていたが、独りになると悲しみに涙が止まらなくなる日々を過ごしていた。特に精神医学者が示すパターン化した喪失体験者の悲しみからの回復プロセスと自分が違うので、自分は母親失格ではないかとまで思って苦しんでいた。

東京・四谷の上智大にデーケン先生を夫と共に訪ね、そのことを涙ながらに話した。共に涙を流して耳を傾けていたデーケン先生は、こう言った。

「人の悲しみは、一人ひとりみな違うのです。自分のありのままでいいんですよ」

この一言が古谷さんの人生を変えた。

夫妻が教授室を出て階下への階段を下りかけた時、デーケン先生が声をかけた。

「ここはほんとの四谷階段（怪談）ですから、気をつけてくださいい」

夫妻に笑顔が戻った。

古谷さんは「生と死を考える会」の活動に参加し、悲しみの中にある人を支える側の役割を果たすようになったのだ。

デーケン先生の死生学は、学問的である前に、真摯《しんし》な傾聴、微笑《ほほえ》みと涙、包容力、そしてユーモアを忘れないスピリット、それらすべてが一つの人格から自然体で流れ出てくるものとなっていた。

〈ユーモアとは、にもかかわらず笑うことである〉

デーケン先生から教えられた数々の名言の中の最高のものだ。

二〇二〇年九月六日、肺炎のため逝去された。合掌。

（3）戦場体験の凄絶、金子兜太『百年』の伝言

雲を眺めていた少女・石牟礼道子

金子兜太の最晩年の二〇〇八年夏頃から一八年初春にかけての約十年の間に詠まれた俳句を、選句などは行わずに年次順、発表順にほぼ全句（七百三十六句）を収載した最後の句集のタイトルを『百年』としましたと、編集者の鈴木忍さんから聞いた時、私はすぐに作家の故石牟礼《いしむれ》道子さんがかつて話してくださった言葉を思い出した。

十年余り前、健在だった熊本学園大学の水俣病の先駆的研究者・原田正純教授の企画による同大学での水俣学公開講座の一環として石牟礼さんと講演をした。その夜、原田先生

ご夫妻に招かれて、ご自宅で夕食をご馳走になった。

水俣病の根源を追及することは、日本の近代化を問うことになるといったことを語り合ううちに、私は石牟礼さんが少女の頃にどのようなものに目を向けることが多かったのか、作家活動を続けてきたなかで、そうした幼少期あるいは生い立ちの頃の記憶を辿るということにはどのような意味があるのかなどと、ざっくばらんな気持ちで尋ねた。石牟礼さんは小学生の頃には、登下校する田舎道を歩きながら、よく雲を見上げていたという。

戦中戦後の日本列島がまだ〝開発〟という名の嵐に襲われる前の時代だ。いつも雲を見上げていたということは、自然界に心を溶け込ませていたということ。私自身の少年時代もそうだった。九州でも最果てと言っても言い過ぎではないような水俣で育った石牟礼さんにとって、チッソの工場のある市街地を除けば、近代化以前ののどかさを残す山々や不知火海の風景が、心の深層に刻まれた原郷だったということは、石牟礼文学の根底にあるものを理解する上でとても大事なことだと、私は納得感を覚えた。

しかし、石牟礼さんが続けて語った次の言葉はより強く私の心に響いた。

百年という思考の尺度

「人間が過去のことを実感をもって理解することができるのは、どれくらい前までだろうかと、この頃よく考えるんです。祖父母の暮らしぶりや言葉が記憶に残っている頃までかなあと思うと、実感をもって遡れるのは、やはり百年くらい前までだろうと思いますね」

具体的には、百年を超えるけれど、明治時代初期の西南の役の頃までかと言うのだ。それは文明開化からやがて殖産興業・富国強兵に突入していく近代化のはじまりの時期になる。そこまで視野を広げ、時間軸を遡行《そこう》して考えないと、水俣病問題の根源は見えてこないし、またそう捉えることによって、水俣病問題が単なる一公害事件でなく、近現代文明に対するアンチテーゼとしての普遍的な意味のある事件なのだということが、石牟礼さんの思想の骨格をなすものであることが見えてくると言えるだろう。

その後、私は百年という思考の尺度について、折々にあれこれ思い返すうちに、それは物事の根源を考える方法としてだけでなく、一人の人間が自らの生涯を辿る心の遍歴あるいは成長・成熟の歩みというものを捉えるうえでも、有意義な尺度になるのではないかと考えるようになった。百年という長さは、あくまでもモデルであって、人生七十年の人であろうと、百五年の人であろうと、それぞれに成長の時期とか成熟の時期といった区切りの時期（ステージ）が個別的にある。このような人生のライフサイクルの視点からの捉え方をすることによって、一人の人間が辿った人生最後の成熟期の生き方の根源には、モデルとしての百年前に相当する幼少期に心の深層に刻まれた原風景があり、それが人生の最終章で炙り絵のようににじみ出てくると言えるだろう。

兜太の最後の十年間、つまり八十八歳から没年九十八歳までの最円熟期に詠まれた全句を集成した句集に『百年』というタイトルを冠したことに、私が強く興味を抱いたのは、以上のように人間の意識の深層に避け難く染みついてしまう時代の影と生育時の環境という要素を浮き彫りにするには、「百年」というキーワードに示される意表を突く尺度が必要だと思うようになっていたからだった。

実際、この句集に累々と並べられた句を一気に読んで全体像をまず把握してから、次にはじっくりと心理分析的な視点で読んでいくと、カンバスに絵筆を叩きつけたような語句の連なりから、金子兜太という一人の人間の意識の深層に刻印されたものの構図がくっきりと浮かび上がってくるのを実感したのだ。その構図の中に突起する主要な山塊は、次の四つであろう。

思考の山塊

(1) 他界した親密だった人々との邂逅《かいこう》の情景、そして現世と地続きの「他界」思想。
(2) 原郷・産土《うぶすな》の実風景と幻覚風景の渾然一体化。
(3) 凄絶な戦場体験のトラウマに起因する戦争への絶対的な拒否と伝達者たろうとする責務感。
(4) 広島・長崎からの学びによる核廃絶、そして福島原発事故の衝撃に根差す原発廃止の叫び。

これらの山塊は、個別に独立したものではなく、相互に折り重なるように交錯している場面が少なくない。

順に見ていこう。

第一の、他界した人々との邂逅で頻出するのは、何と言っても二〇〇六年に八十一歳で先立った妻・皆子であり、次いでその二年前に他界した母・はるだ。特に皆子は、兜太四十八歳の年に産土の地・秩父に近い熊谷市に転居するのをリードしたのをはじめ、その住まいの周囲に秩父の山地の木々を運んできて植え、兜太が秩父の山の木の「気」を浴びられるようにするなど、兜太の人生後半における精神安定と作句の環境作りに限りなく気を遣ってくれただけに、皆子が旅立った後も歳月を経るほどに頻繁に兜太の眼前に姿を現すのだ。

上溝桜《うわみずざくら》いつきに咲きて亡妻《つま》佇《た》てり　（二〇一三）
満天星紅葉亡妻《つま》はしやぐはしやぐかな　（二〇一五）
雪の夜を平和一途の妻抱きいし　（二〇一六）
※「亡妻《つま》と平和」と前書きした十二句の三句目
妻の墓に顔近づけてわが足長蜂《あしながばち》　（二〇一七）
桜に椿白木蓮も重ねて咲かせ亡妻《つま》ありき　（　〃　）

現世の自分と死者との間に何の境界線も感じないような兜太の死生観は、独特のものだ。兜太は死後の世界を「他界」と呼んだ。自著『他界』の中で、こう語っている。

「死とは、いのちを包んでいる肉体が朽ちることであって、いのちそのものは死なないのではないか」「死とは、いのちがこの世からもうひとつの世界、『他界』へ引っ越すことではないか」

死者は帰ることのできない遥か遠い虚空の世界に旅立ってしまうのでなく、魂がいつもすぐ傍にいて、その魂といつでも会えるのだという。

だから兜太は毎朝神棚に向かって親しかった亡き人たち百二十人くらいの名前を称《とな》え、魂の交流を続けていた。

このような死生観は、意識の深層の中で原郷への強い愛着感情とつながっていたのだと思える。

産土への愛着

第二の山塊と言うべき原郷あるいは産土への愛着感情は、人生の「百年」の尺度から論じるなら、意識の最古層を形成しているものだろう。人は年老いると幼児期の無垢の世界に還るとよく言われるが、私の考えでは、単なる無垢の世界に還るのでなく、現実世界とファンタジーの世界との間に境界がなく、両者が渾然一体となって、すべてがリアルに感じられるという六歳頃までの感性に還るのではないかと思う。特に芸術家肌の人たちに見られる傾向だ。兜太においては、原郷・産土に対するありがたさの感覚が、アニミズムにつながり、さらに信仰に近いと言えるほどに昇華されている。

その心情は、最後の十年に入るよりずっと前に、〈言霊の脊梁山脈のさくら〉（注、脊梁山脈は秩父盆地に暗いイメージを落とす二千メートル級の連山）など多くの句に吐露されているが、晩年になってからも原郷への詠歌やアニミズム讃歌が少なくない。

鹿の眼に星屑光る秩父かな　（二〇一三）

狼と夢に語りて冬眠す　（二〇一四）

秩父山峡日照りの肌に狼棲む　（二〇一八）

第三の山塊は、凄絶な戦場体験のトラウマだ。トラック島における兵士たちのあまりにも惨《むご》たらしい殺戮死が、兜太に「生きなければ」「生き抜いて語り伝えなければ」と決意させ、俳句という表現活動の決定的なモチベーションとなったことは、既に広く知られたことだ。その意気軒昂ぶりは、晩年になってからも全く衰えを見せなかった。その一端は、共に平和を訴えて止まなかった亡妻への讃歌十二句にも高らかに謳われているが（その一句は前掲）、ここに二句を加えておく。

狂いもせず笑いもせずよ餓死の人よ　（二〇一五）

戦さあるな人喰い鮫の宴《うたげ》あるな　（二〇一六）

そして、断固とした反戦の意識は、第四の山塊をなす反核、反原発、沖縄の基地問題へのストレートな意思表示を貫くことになる。

積乱雲避難所にうずくまる老女　（二〇一一）

被曝福島米一粒林檎一顆を労わり　（〃）

茫々と雪の吾妻《あづま》山よ離村つづく　（二〇一四）
相思樹空に地にしみてひめゆりの声は　（二〇一五）
緑暗の地下壕《ガマ》焼く火焰放射機なり　（〃）
朝蟬よ若者逝きて何んの国ぞ　（〃）

兜太の晩年の作句から見えてきたのは、九十歳を過ぎてからでも、多岐にわたる問題意識を衰えさせることなく、東奔西走と言ってよいほど表現活動を続けた生命力の強さだった。人生百年時代と言われる昨今、八十三歳になった私は、百歳までの生き方を考えるうえで、跡を追うべき人物についてそれぞれの生き方を学び始めていた折も折だった。兜太から何と豊饒な学びを頂いたことかと、感銘と感謝の気持ちでいっぱいである。

（4）災害看護創始・黒田裕子さん、人生完成の20年

①やり残したことの無念

突然のがんに

「死とはその人の人生が短期間にintegrate（インテグレート＝統合、集積）されて出てくるものではないか」

これは、がん医学者・杉村隆先生が国立がんセンター研究所長時代に、人の「生と死」について私のインタビューの中で語った言葉だ。この言葉は人間の「生と死」の核心を捉えていると、私は受け止めている。

阪神・淡路大震災（一九九五年一月十七日）直後から被災地の青テントで、当時まだ未

開拓だった災害看護を軸とする被災者支援ボランティア活動のリーダーとなった黒田裕子さんとは、二十年間にわたり交流させていただいた。その中で、災害時のボランティア活動のあり方、特に専門的な知識と技能を身につけた人のボランティア活動のあり方をはじめ、災害看護の目指すもの、現場主義に基づく若い世代の育て方など、数々の学びをさせていただいた。

そして、黒田さんがその七十三年の人生に終止符を打とうとする寸前に、かけがえのない貴重な会話をする時間を与えられ、黒田さんならではの、激しくも豊かな人生をintegrateする姿を目の当たりにすることができたことは、私にとって人が生きることと死ぬことについての至高の学びとなった。その最期を迎える直前に与えられた二時間ほどの対話の情景と言葉には、黒田さんの全人生が集約され凝縮されたかたちで映し出されていると思うので、その内実を書いておきたい。

二〇一四年八月半ば、東京で開催された日本災害看護学会に出席していた黒田さんは、途中で激しい腹痛に襲われ、応急手当を受けた。しかも、学会終了後、体調が十分回復していないのに、東日本大震災被災者看護支援の拠点にしていた気仙沼の仮設住宅に移動した。しかし、症状がただ事でないので関西への帰途に就き、親交のある医師が病院長をしている西宮市の明和病院に入院した。病院長の診断結果は、肝臓がんだった。しかも、がんは腹部全体に広がるほど進行していた。

黒田さんは、宝塚市立病院で看護部の副総婦長をしていた頃から、日本ホスピス・在宅ケア研究会の立ち上げに中心的な役割を果たすなど、がんの終末期医療にかかわっていたから、末期の肝がんの重大さについては、よく知っていた。病院長は、がんの進行状態について説明するとともに、率直に告げた。

「残念ながら積極的な治療をする段階は過ぎています。残された時間は、あと一か月くらいと考えなければなりませんね」

黒田さんは、その説明にすぐに納得したという。黒田さんが末期の肝がんで入院したことは、いち早くボランティア活動の仲間たちに伝えられた。仲間たちは、続々と病院に駆けつけ、黒田さんの身の回りの世話や見舞い客の整理などの態勢を固めた。

黒田さんが病気で倒れたのを私が知ったのは、九月十四日になってからだった。病室で付き添っていた黒田さんの親友で福井大学看護学教授の酒井明子さんから、突然電話で知らされたのだ。酒井さんは、黒田さんが重篤な状態になっていることを簡潔に話され、

「黒田さんが柳田さんと話したいとおっしゃってます」と言って、携帯電話を黒田さんに渡された。

「センセ、わたし、がんになっちゃって……センセにお会いしたくて……」

私に講演や被災者支援などの頼み事をする時のやや甘えるようないつものトーンを感じさせつつも、何となくたどたどしい言葉のテンポに、切羽詰まった感じが漂っていた。

「お会いして、聞いてほしいことがあるんです」という言葉に、私は黒田さんの心中を思った。

《自分に残された時間はあまりに短い。来年一月十七日は、阪神・淡路大震災から二十年になる。二十年という節目の時に、自分がやってきた被災者支援の活動や災害看護の活動をさらに発展させるために、いろいろと企画を考えなければならないのに、こんなことになってしまって……》

どんなにか辛く口惜しいだろうなと推察すると、私は一瞬言葉に詰まってしまった。だが、すぐに答えを出せる問題ではないのだから、案ずるより行動することだと思い直した。

「時間がない！」

「黒田さん、明日伺います。午後になりますが、よろしいでしょうか」

翌九月十五日午後、私は羽田から伊丹空港に飛び、伊丹からタクシーで西宮の病院に直行した。病室の前に着くと、ＮＨＫのテレビクルーが黒田さんのインタビューを終えて部屋から出てくるところだった。室内が静けさを取り戻すのを待って入室すると、頬がすっかりそげてしまった黒田さんが上半身を少しばかり斜めに上げたベッドから、こちらに笑顔を見せてくれた。

「センセ、ありがとうございます」

いつものトーンだったが、やはり声に張りがなかった。

「大変ですね」

私がすっかり細くなった手を握ると、精一杯握り返してきたが、握力はなく弱々しかった。栄養補給の管は口に通されていなかった。会話ができるので、私はほっとした。一刻一刻が大切な時期に、会話ができなくなったら、人生を総括する言葉を残せない。黒田さんがどのような言葉を残すのか、それはどうしても聞いておきたいし、記録しておかなければならないことだ。端的に言うなら、その記録者として、私はここに来たのだとさえ思っていた。

「黒田さん、やり通したいことはたくさんあるでしょうが、もう体力的に難しくなった今、これから後を継ぐ人たちに伝えたいメッセージは、どういう言葉でしょうか」

非礼と知りつつ、あえて死を前提にした質問を投げかけた。黒田さんは、しばらく黙した後に、直接的な答えでなく、無念の思いを口にした。

「医療の現場でいろいろ学んできたから、死は怖くないです。ここまで病気が進行したら、死は避けられないでしょう。でも、怖くはないです。でも、やり残したことがあるのに、残された時間が短過ぎる。時間がない！……」

黒田さんは、そう言うと、右手で自分にかけられた布団をバサッと叩いた。

「時間がない！」

絞り出すようにもう一度言うと、また右手で布団を叩いた。無念の思い、口惜しさが惻々と伝わってきた。私はしばらく言葉を失ったが、今黒田さんにかけるべき言葉は何か、頭の中で整理して率直に話した。

「傲慢かもしれませんが、黒田さんだからこそ言わせてください。黒田さんは、阪神・淡路大震災以後の二十年近い時の流れの中で、被災者支援の新しい取り組み方を広めたのをはじめ、日本災害看護学会を立ち上げたり、障害者支援のケアホームづくりといった地道な活動をしたりするなど、一人で十人分の活動をしてこられましたね。それは騎士が馬に跨って疾駆するようでした。でも黒田さんがやってこられたこと、これからやろうと考えておられること、そうした具体的な活動は、黒田さんと一緒にやってきた人たちや教えを受けた若い人たちが、黒田さんの思いを胸に抱きしめて継いでいくことができると思うんです。

でも、黒田さんにしかできないことが残されていると思うんですね。それは黒田さんの生き方、人生、看護職の目指すべきもの、ボランティア活動のスピリッツ、次の時代を生きる若い世代へのメッセージ――そういったものを語り遺すことです。たとえ身体は病んでも、そういう精神性の次元のことは、まだまだできるはずです。黒田さん、黒田さんの思いを語り遺してください」

私はそう語りながら、熱っぽくなっている自分に気づいた。でも、そう語りかけることしか、黒田さんの最後の日々を支える道はないと考えての話しかけだった。

黒田さんは、黙って耳を傾けておられた。そして、少し間を置いて、こう言葉を継いだ。

「さっきね、ＮＨＫの取材班が来て、被災者やがん患者や障害者の支援活動をしてきた人が自ら進行がんになって、これまでの活動についてどう思うかインタビューさせてほしいと言うの。私はこう言いました。ローカル・ニュースで、黒田ががんになったとか、思い残しはこうだとかといったことを伝えるだけなら、お断りします。もっとテーマを広げて、被災者の支援とは何かとか、こころのケアとは何か、災害看護という領域はなぜ必要かといった問題について、現場で活動してきた私のメッセージを、全国に広く伝えるねらいの番組をつくるなら協力しますとね。そういう番組をつくるのです、と答えてくれたので、ついさっき、そのインタビューを受けたんです」

意気軒昂たるところをしっかりと保持しているなと感じた私は、黒田さんの背中を押すような気持ちで言った。

「いいですね。これからはそういうインタビューに絞って、しっかりと語り伝えるのが、一番大事な仕事ではないでしょうか」

私が黒田さんを唆《そそのか》すように言ったのは、人生一代記を語り遺すべきだといった、大変に時間のかかることではなかった。八月半ばに医師から「あと一か月」と告げられたことから推測するなら、私が駆けつけた時には、すでにその持ち時間が切れかかっている時期になっていた。私が期待したのは、一言でも二言でもいい、黒田さんのスピリットを象徴するような言葉を誰かに語っておいてほしいということだった。

その日、私は別の仕事を抱えていたので、病室を辞した後、病院長にお会いして、黒田さんの病状について説明を聞いてから伊丹空港に戻り、帰京した。

故郷・出雲へ

三日後の九月十八日、黒田さんと親しい石口房子さんから電話があった。石口さんは、広島県立病院と在宅ケアの現場との連携のコーディネート役を務めている人で、かねて広島地域での「生と死を考える会」の活動の中心になっていたことから私も交流していた。石口さんによると、黒田さんは、どうしても故郷の島根県出雲市で最期を迎えたいというので、体調の無理を押して、伊丹空港から出雲空港にケアスタッフの付き添いで航空便で移動し、島根大学医学部附属病院の緩和ケア病棟に転院したという。仲間たちは機内で病状が急変することも想定して緊急時の応急治療の準備までしていたが、心配したようなことは起こらず、無事出雲に移動できたけれど、あと何日もつかという状態とのこと。私は石口さんに言った。

「明日は福岡市で講演があるので行けませんが、明後日、福岡から出雲空港への日航機の直行便で行きます。出雲から病院へはタクシーで向かいますから黒田さんにそう伝えてください」

約束どおり、その翌々日の九月二十日午後、秋の夕日が傾き始めた頃、私は島根大学医学部附属病院の緩和ケア病棟に着いた。設立からまだあまり年月が経っていないこともあってか、明るい病棟だった。黒田さんの病室は五階にあり、窓の外には患者が外気に触れたい時のために、四階部分の屋上をルーフテラスとして展望台のように開放していて、その向こうには田んぼが広がり、遠くにごく低い里山の峰が畑の畝のように横たわっているのが見えた。その窓際のベッドに黒田さんが伏しておられ、傍に酒井さんが立っていた。

「センセ」

いつもの言葉で、黒田さんは笑顔を私に向け、手を伸ばされた。その手を私は両手で握った。少し冷たかった。

《生きておられる。黒田さん、生きておられるじゃないですか。黒田さんが死ぬなんてことはないですよ。黒田さんのいのちは、永遠です》――私は頭の中でそんなことを無言で眩いていた。

「無事故郷へお帰りになれてよかったですね。どこか痛みはないですか」

私が聞くと、黒田さんは、「ないですよ。だいじょうぶ」と言ったが、その声のトーンは、西宮の病院におられた時より弱々しくなっていた。私が窓の外の風景に目をやりながら、

「黒田さんが生まれ育ったのは、この辺りなんですか」

と尋ねると、ベッドからは田んぼは見えないのだが、黒田さんは青空の広がる外に顔を向けて、

「そうですよ。田んぼの向こうに、少し大きな川があってね、その川原で男の子と喧嘩をしたこともありました」

「へえ、小学生の頃？」

「五年生か六年生の頃だったかなあ」

「それで勝ったの、負けたの？」

「もちろん負けるもんですか。はじめは遠くから石の投げ合いをしていたんですが、そのうちに傍まで走って行って殴ってやりました。男の子は逃げてった」

そう言って笑う黒田さんだったが、そんなことを思い出すのも、故郷に帰り、故郷の昔の名残りを感じる風景の中にいるからのことだろう。その語り口からは、自分の少女時代への懐旧の心情が漂っているように感じられた。ホスピスや老人ホームなどを訪れて、ギターを弾きながら歌うある音楽療法士によると、リクエスト曲で一番多いのは、誰でもが知る「故郷」だという。やはり、こころの奥底に刻まれた幼少期や青春時代に過ごした故郷の山や川の風景や幼馴染の友だちといったものは、人生を終えようとする時に、最後に帰るべきところとして魂を揺さぶるのであろう。そして、そういう郷愁の思いが満たされた時、人はこころの平安を得ることができるのかもしれない。

私は黒田さんの少女時代の回想に耳を傾けながら、もう一つの思いが頭の中に浮かんできた。黒田さんが大災害の被災地に飛び込み、様々な困難や壁にぶつかっても、決して怯むことなく、苦境にある被災者一人ひとりの問題解決のために果敢に粘り強く取り組んできたその原点は、すでに少女時代の負けん気に始まっていたに違いないと。

いつまでも夕日を

そんな故郷回想の話をしているうちに、黒田さんは、前日の夕刻に見た夕焼けの美しさのことを話し始めた。西宮の街中《まちなか》の病院と違って、懐かしい田園風景の広がる故郷の病棟に移れた安堵心も加わってか、夕刻になった頃、外の空気を吸いたいと、車椅子を押してもらい病室の外にある一階屋上のテラスに出た。折しも西の空に日が沈もうとしていた。雲が落日の光に照らされて、赤々と映えていた。「きれいやなあ」黒田さんはそうつぶやいて、夕焼けをじっと見つめていた。秋の日暮れの冷たいそよ風が頬をなでていたが、黒田さんは、何も言わずにいつまでも動こうとしなかった。赤い空が次第に蒼ざめていくように灰色に変化していったが、それでも見続けていた。深い深い悲しみの中に身を委ねているかのように、酒井さんたちには見えた。夕焼けの赤が完全に消え、空がすっかり暗くなって、冷気が肌を刺すようになった時、黒田さんはやっと、「部屋に入ろ」と言ったという。

黒田さんは、私にその時の夕焼けの美しさを、まるで懐かしい思い出のように話してくださったが、なぜ西の空が暗くなるまで見続けたのか、その理由については、何も語らなかった。言葉で話してしまったら、魂に染み渡るような、ある意味で霊的な啓示を受けたような感懐を矮小化してしまうように思ったのかもしれない。私は「その時、どんな思いでしたか」などと野暮ったい質問をするのは控えた。

人はなぜ、人生の黄昏に夕日に魅せられるのか。私は、黒田さんが夕焼けをいつまでも見続けた話を聞きながら、サン＝テグジュペリの『星の王子さま』の中で、主人公のぼくと王子さまが交わす会話を思い浮かべていた。王子さまは、「日の暮れるころが、だいすきなんだよ」という。王子さまの住む小惑星はとてもちっぽけなので、座っている椅子をほんのちょっと前へ動かすだけで、夕焼け空を追いかけることができるのだという。いつまでも夕焼け空を見たいと思ったら、どんどん椅子をずらしていけばいいのだ。私が思い浮かべたのは、次の会話だった（内藤濯訳、岩波書店）。

〈「ぼく、いつか、日の入りを四十四度も見たっけ」

そして、すこしたって、あなた（＝王子さま）は、また、こうもいいましたね。

「だって……かなしいときって、入り日がすきになるものだろ……」

「一日に四十四度も入り日をながめるなんて、あんたは、ずいぶんかなしかったんだね？」

しかし、王子さまは、なんともいいませんでした。〉

第二次大戦中、サン＝テグジュペリは戦乱の欧州を避けて、アメリカで暮らしていたが、ついに決意して、ナチスドイツ軍と戦う自由フランス軍に参加するため、「行かないで」と懇願する妻コンスエロを残してニューヨークを去る。その時、自宅に残されていたのが、『星の王子さま』の原稿だった。この小説は、ある意味で妻への遺言だったのだ。そういう事情を知ると、「かなしいときって、入り日がすきになるものだろ」という王子さまの言葉が、特別にしんみりと感じられる。誰しもが、いつかは直面する人生のかなしみについて表現した言葉として。

この王子さまの言葉には普遍性があると、私はかねて思っていた。感慨深いエピソードがある。かつて評論家の山本七平さんが、がんで亡くなる二日前の夕方、妻のれい子さんが夫に少しでも日射しを浴びさせようと、車椅子に乗せて散策した後、マンション七階の自宅玄関前に戻ると、はるか西の空に沈みゆく真赤な太陽と赤々と広がる夕焼け空に気づいた。山本さんは、「おお」と感動の声を上げると、そのまま室内に入らずに、夕焼け空を色褪せるまで眺めていたと、後にれい子さんから伺った。沈みゆく夕日には、悲しみの中にある人を深い思索に誘う不思議な磁力線があるのかもしれない。

生死の境を超えて

私は黒田さんが、夕焼け空を暗くなるまで見つめていたことを、しんみりと語るのを聞きながら、大事なことに気づいた。黒田さんは、今、人生の最後の極めて重要な局面に入りつつあるのだ、と。黒田さん自身が明確に意識しているかどうかはわからないが、霊的には感じていたに違いない。そう私が判断したことには、三つの理由があった。

一つは、西宮の病院に入院していた時には、右手で布団を叩いては、「時間がない」と言って口惜しさ、無念さを吐き出していたが、その行為が見られなくなっていたことだ。

二つ目は、生まれ育った故郷での少女時代への自然なこころの回帰が生じているように見えたこと。

そして、三つ目は、落日に魂を委ねることで、生死の境へのこだわりを超越したように見えたことだ。

もちろん私は、その場でエビデンス（証拠）を揃えて分析するような、黒田さんとの間に距離を置いた醒めた目で事態を見ていたわけではない。頭の中で直観的に感じ取ったことを、後になって振り返ってみると、そういう思考回路が働いていたことがわかったということだ。

そう判断した背景には、もう一つ、死を前にした人に対して傾聴ボランティア活動をしている人からしばしば聞く感銘深いエピソードの知識もからんでいた。近づく死を前に不安や恐怖を感じている人が、傾聴者にじっくりと人生を振り返る話をしていき、人生一代記とも言うべき自らの長い歩みを語り終えると、険しかった表情が柔らいで、運命をあるがままに受容する穏やかさを見せるようになるという。人生の辛かった時のことでさえ、暗い気持ちで見るのでなく、それを乗り切った自分をほめることのほうに気持ちが動いたり、ぎくしゃくしていた家族に対し和解したいと思うようになったりするなど、まるで悟りを開いたかのような心境になるのだ。私はそういう人間のこころの不思議な変化について強い関心を抱いていたこともあって、言葉や表情の微妙な変化から、黒田さんはいよいよ人生の完成あるいは窮極の成熟の刻《とき》を迎えつつあるのだと感じたのだ。

「死後生」への語り

そこで、私は、黒田さんに最後の安心感を抱いてもらうには、どんな言葉をかければよいのか考えた。私は、思い切って、最近辿り着いた生と死に関する、借り物でない、私なりの捉え方、考え方について話そうと思った。それは、あの世に旅立っていったいろいろな人々の最後の生き方や遺された人のこころの中に刻まれたものについて、長年にわたり取材をしてきた経験、あるいはそれらの物語との出会いから到達した死生観のことだ。

「黒田さん」

私は、改まって切り出した。

「黒田さんは、ほんとに多くの人々のこころに、気づきや学びをプレゼントしてきましたね。凄いことですね。一人の人がこれだけ多くの人々とつながり、多くの人々を助け、多くの人々を成長させるなんて、誰にでもできることではないです」

「いやぁ、そんな大変なこと、やってませんよ」

「黒田さん自身がどう思おうと、黒田さんが拓いてきた道は、半端なものじゃないですよ。黒田さんの語った言葉、実践した行動。そして黒田さんの活動。それらは、関係のあった人々のこころの中にしっかりと刻まれています。たとえ黒田さんがあの世に旅立っても、関係のあった人々のこころの中で、消えることはないです」

黒田さんは、断続的に眠りに陥るようになってきたと、二日前の石口さんからの電話で知らされていた。全身機能の低下からだろうが、緩和ケアのための眠気かもしれないし、肝性昏睡の予兆なのかもしれない。ともかく早くお会いしないと、意識が薄れて、しっかりとした会話ができなくなるおそれがある。だからこそ、私は福岡から急いで飛んできたのだ。黒田さんは、私を見つめ、全神経を集中させているかのように、私の話すことに耳を傾けていた。

「最近、私は人の死後について、こう考えるようになりました。そのキーワードは、『死後生』です。私が勝手に作った用語なんです。

どういう意味かというと、これは人間のライフサイクル論にも通じる用語なんですが、従来のライフサイクル論によると、人は生まれてから乳幼児期、少年期、青年期、中年期と成長し、懸命に働いて社会的に貢献するようになるとともに家庭を持ち、子どもを育てる。中年期あるいは壮年期には、大きな仕事を成し遂げたりする。しかし、やがて定年を過ぎて初老期を迎え、老年期に入ると、社会活動も少なくなり、体力も衰えてきて、病気を抱えるようになりがちです。そして、人生の晩年を迎え、死でもって終わる。これをグラフにすると、ゼロから出発して、次第に上昇曲線を描くけれど、中年期に頂点に達した後は下り曲線になり、大きな弧を描くようにして、ついにはゼロの地点、つまり死で、その人の一生は終わるという形になります。

これは、高度経済成長の時代に流布されたライフサイクルの曲線なのですが、そのような人生の捉え方は、人間の身体的成長や所得の規模を含む社会活動の度合いなどに重点を置き過ぎていて、生きるいのちの精神性の側面についての評価が抜けていると思うんです。

　人間の精神生活あるいはいのちの精神性の側面に焦点を合わせるなら、人の精神的いのちというものは、定年を過ぎようが、高齢者になろうが、その人の生き方次第で、決して下り坂になるものではないですよね。むしろ、がつがつと働かなくてもよいようになったり、病気を患ったりするようになったりしてからのほうが、人生で一番大切なものは何かとか、他者への思いやりの大切さとか、生きることの本質を考えるようになる。そして、ボランティア活動をしたり、読書や芸術を愛したり、趣味を持ったりするようになる。

　その延長線上にある死は、決して終わりではなく、人生の成熟度を完成させる到達点だと位置づけるべきだと思うんです。しかも、精神的いのちは、死では終わらない。たとえ肉体はなくなっても、その人の成熟への道を歩んだ生き方や遺した数々の言葉は、次の時代を生きる人たちの心の中で生き続け、それらの人たちの人生を支え膨らませさえするエネルギー源になるのです。

　そのように死後も人々の心の中でなおも生き続ける精神的ないのちのことを、私は『死後生』と名付けました。この『死後生』という視点で、例えば私自身の今を考えると、自分は決して消滅しない、たとえ死が訪れようと、私のいのちはいつまでも生き続けるのだと確信することができます。

黒田さん、西宮の病院におられた時、私はこう言いましたよね。黒田さんでなければできないことが残されています。それは黒田さんが次を生きる人々への言葉を遺すことです、と。

西宮でもここ島根に転院してからも、NHKのテレビチームのインタビューに、しっかりと語っておられたようですね。それで十分です。

いや、そのインタビューがなかったとしても、黒田さんは被災地の現場や学会や講演会などでたくさんの言葉を語ってこられたし、何よりも活動そのものでスピリットを示してこられたし、日本災害看護学会や神戸の市民活動の基盤もしっかりと根を下ろしてきました。黒田さんの遺産は、もう十分過ぎるほどです。安心してください。黒田さんの遺産は多くの人々の心の中で生き続け、それぞれの人生を膨らませます」

私が言葉を切ると、黒田さんはしばらく沈黙しておられた。私も黙って黒田さんの顔を見つめ、言葉を待った。黒田さんは、私が語ったことを、頭の中で反芻していたのだろう、ゆっくりと口を開いた。

「今の『死後生』という言葉、いいですね。センセ、忘れないように、その言葉を書いておいてください」

私は、自分の鞄の中から、取材用のノートと筆入れを取り出した。すると、酒井さんが部屋から急ぎ足で出て行った。数分後、酒井さんがどこから見つけてきたのか、色紙とサインペンを持って戻って来た。

「あ、こちらのほうがいいですね」と私は言って受け取った。ノートに書き始めたメモを止めて、色紙を膝の上に置き、サインペンを手に持った。

「死後生」と、色紙の右側にやや大きく書いた。中央に簡潔にその意味を綴り、最後の行に「黒田さんのいのちは永遠です」と書き、「黒田裕子さんへ」と為書きを記した。色紙を渡すと、黒田さんはゆっくりと声に出して読み、色紙を抱きしめた。

「センセ、この色紙、あの世に持って行きたい。私の棺に入れていいですか」

私は一瞬、喉を詰まらせた。深刻な顔はしまいと思ったが、引きつっていたかもしれない。

「そこまで私の言葉を大事に思ってくださるなんて、ありがたい限りです。黒田さんの今の言葉、こころに刻んで忘れません」

窓の外は、はや夕闇の帳《とばり》に包まれようとしていた。時計を見ると、私が入室してから二時間余り経っていた。東京行きの最終の航空便に間に合うには病棟を出なければならない時刻になっていた。私は黒田さんの手をしっかり握って別れを告げたが、「さよなら」とは言えなかった。「さよなら」ではないと打ち消す声が頭の中に響いていたからだった。

黒田さんは右手を弱々しく握りながら、左手で色紙を胸に当てていた。

二日後、黒田さんは昏睡状態に陥り、さらに二日後の二〇一四年九月二十四日午前〇時二十七分、息を引き取られた。阪神・淡路大震災から十九年八か月経っていた。

この二時間余りの最後の面会を通して、私は、黒田さんがその人生をintegrateして人生の成熟への道程を完成させる姿を目の当たりにする機会を与えられた。その凝縮された時間から、逆に阪神・淡路大震災以降の黒田さんの輝いた十九年間の活動と言葉の意味を深く理解することができたのだった。

②現場主義と「最後の一人まで」

「ふれあいテント」にて

黒田裕子さんの災害被災者支援活動の足跡を詳しく辿っておきたい。話は黒田さんとの交流の原点となった神戸の震災被害地での出会いの頃に遡る。

神戸市の西端にある西区の一角に出現した西神《せいしん》第七仮設住宅は、阪神・淡路大震災の後に神戸市内各地に急遽建設された仮設住宅の中では、最大規模のものだった。私がそこを初めて訪れたのは、大震災から一年余り経った一九九六年二月の寒い日だった。

第七仮設には、家屋の倒壊や広域火災で、住む家やアパートの部屋を失った被災者たち千世帯余りの約千八百人が入っていると、事前に聞いていた。だが、タクシーで敷地内に入るや、想像外の雰囲気に愕然となった。プレハブ長屋とも言うべき仮設住宅が見渡す限りぎっしりと並び、樹木も緑地もない光景は、第二次大戦中にアメリカ西部の荒野に設置された日系人強制収容所を私に連想させた。すでに小規模の仮設住宅は見ていて、とりあえずの仮住まいとしては仕方ないかと思っていたが、これだけのスケールの〝仮設団地〟となると、印象は異様に映ったのだ。

タクシーは、敷地の中央辺りに建っている独立した木造の小屋の傍に着いた。小屋と言っても、まあまあのしっかりした造りになっていた。第七仮設を訪ねたのは、震災被災者支援のボランティア活動の中心になっていた黒田さんから、仮設住宅の被災者たちがどのような問題を抱えているのか、ぜひ見に来てほしいと頼まれたからだった。黒田さんとは、震災の少し前から、がん患者の終末期医療の取り組みで、知り合いになっていた。

黒田さんは震災直前に宝塚市立病院の副総婦長から同市老人保健施設設立準備室に異動

し、震災が発生するや、臨時救護センターで活動を始めた。その中で災害時の被災者の切実で多様なニーズに応えるには、行政の枠にとらわれないフリーな身になったほうが動きやすいと考え、被災者支援のボランティア活動に身を投じたのだ。私は、震災の他の取材に追われていたので、そのことを知ったのは震災後かなり経ってからだった。

黒田さんが第七仮設で活動の拠点にしていた小屋は、「ふれあい広場」と呼ばれていた。仮設住宅が建てられた直後は、青テントを張って〝ふれあいテント〟と名づけ、拠点にしていた。仮設住宅への入居は、抽選で決められていたため、隣近所はそれまで全くつき合いのなかった人たちばかりとなり、入居者のそれぞれが、アカの他人の中で暮らすのを余儀なくされていた。特に高齢者が全体のほぼ半数を占めていたから、孤立して孤独に暮らす人が多かった。

そこで、黒田さんたちは、青テントにコーヒーやお茶、菓子などを用意し、時には広場で花火大会やボランティアのミュージシャンによる歌やバンドの演奏会を催したりして、住民が顔見知りになるようにしていた。それにしても、拠点がテント張りでは窮屈なので、黒田さんが神戸市の被災者支援の担当部に働きかけて、二百万円の建設予算で木造の集会所を建ててもらったのだ。

小屋に入ると、十人ほどのボランティアの人たちが、訪れる住民にコーヒーを出したり、話し相手になったりしている中に、黒田さんがいた。私が声をかけると、「まあセンセ、遠いところを来てくださってありがとうございます」と、黒田さんは笑顔で歓迎してくれた。

「ここには千世帯もの人たちが入居しているんだそうですね。あまりの規模の大きさにびっくりしました。一口に支援と言っても、これだけの住民を支えるのは大変なことでしょう」

「そうですね、高齢で独り住まいの方が多いし、隣同士のおつき合いも少ないので、体調を崩して寝込んでしまうと、病院にも行かないという方もいるんです。ですから見回りがとても大事です……」

　黒田さんは、そう言って、丁寧に説明してくださった。ボランティアの人々が、毎日、仮設の棟を区分けして、それぞれの持ち場を決め、朝夕に見回る。新聞が郵便受けに差し込まれたままになっていたり、配達された牛乳も取り込まれていなかったりすると、ドアをノックして声かけをする。何の返事もなく、様子がおかしい時には、警察の派出所に連絡して警察官に来てもらう。警察官に鍵をこじ開けて入ってもらうこともある。実際、牛乳が三日も取り込まれないままになっていて、警察官に入ってもらったら、心臓マヒで亡くなっていたというような事例が少なくないのだ。見回りは、防犯のためだけでなく、入居者の心身両面のケアにかかわる大切な活動なのだという。

さらに、引きこもりがちな住民には、時折茶菓子を持って訪問して、話し相手になる。特にふれあい広場で交流会や楽しいイベントをする時には、個別に知らせるのを忘れないようにする。広場に来られない人が放置されないように気配りすることを、こころのケアとして大切にしているのだ。そして、必要があれば、医師かカウンセラーに来てもらうように手配する。

最後の一人まで

そんな話に私がノートを取りながら聞いていると、黒田さんはちょっと語調を変えて、

「センセ、今日はお手伝いしていただけませんか」

「何でしょうか、ぼくにできることなら、何でもいいですよ」

「まだ六十歳前の男の方なのですが、引きこもりがちでしてね。震災より前に転んで頭を打ち、右半身麻痺になって職を失ったため生活保護を受けておられるんです。ここに来てからは知っている人が一人もいないので、毎日生活保護費でお酒を飲んでしまうんです。アルコール依存症になっていると思うんです。下村さん（仮名）という方です。センセ、下村さんのところに行って、話し相手になっていただけませんか。こちらにたまに来られ

ても、誰とも話をしないで、お茶を飲むだけで帰ってしまうので、センセが話しかけてくださったら、気分が変わると思うんです」

「そうですか。じゃあ、これからお訪ねしましょう」

黒田さんの頼み事を聞いて、私は黒田さんが仮設住宅で暮らす被災者一人ひとりの日常を、いかにきめ細かく見守っているかを実感することができた。それは、ずっと後になって知ることになる、黒田さんたちが生み出した被災者支援の〝思想〟を表す数々のキーワードの中の「たった一人を救う救援プラン」や「最後の一人まで」を実践するものにほかならなかった。

黒田さんは、早速私を下村さんの住まいに案内してくださった。黒田さんがドアをノックすると返事があり、間もなくドアが開けられた。寝起き顔の男がよれよれのパジャマ姿で立っていた。この時、私は六十歳少し前、下村さんは六十歳まであと二〜三年と聞いていたから、私より若いはずなのだが、顔色が黒ずんで疲れ切った表情は、とても六十歳前とは思えなかった。しかも顔には真新しい擦り傷があり血痕が残っている。

黒田さんは私が作家として震災の問題を取材していることを簡単に説明すると、「下村さん、震災の時のことや今困っていることなどを、柳田さんに話してあげてください」と言って、先に帰られた。

孤独な被災者の語り

私が狭い室内に入り、「下村さん、どうぞ休んでいてください」と言うと、下村さんは万年床のせんべい布団にもぐった。やはり起き上がる気力もないのだろう。枕許には空になったラーメンのどんぶりとビールの空き缶があった。

「その顔の傷、どうなさったのですか」

そう聞くと、下村さんは照れ気味の笑顔を見せて言った。

「夕べ飲み過ぎて転んでしまってね」

このやり取りで、下村さんは私に対し、ざっくばらんな気持ちになれたのか、地震の時、どこで被災したのですかという私の質問に、その時の情景を昨日の出来事であったかのようにリアルに語り始めた。

「長田区の鷹取商店街に近い小さなアパートにおったんや。木造の古いアパートやったから、すごう揺れて恐ろしかった。飛び出したんや。地震がおさまってから部屋に戻ったら、何もかも散らかっていて、手のつけようもないほどやった。そのうちに商店街や住宅地の何カ所かから火の手が上がったのが見えるんやけど、消防車が来んのよ。どんどん火事は広がってきて、これは逃げなあかんと思うとったら、近くの潰れた住宅から悲鳴が聞こえてきてね。『助けて、助けてくれやーっ』と、叫び続けてるんや。年老いた夫婦が住んでるのを知っとるので、助けてあげたいんやけど、潰れた家の中からの声だったし、物凄い勢いの火の手がすぐそこまで迫ってきてるので、からだの不自由な私には、どうすることもできんかった。自分が身の回りのものを紙袋に詰めて逃げるのが精一杯やった。申しわけなくてね。助けてやれなくて。あの声は、今でも聞こえてくるんや……」

下村さんは、目に涙を浮かべていた。《ああ、深い心の傷になっているんだなあ》と、私は下村さんが現場から逃げ出す時の情景を想像しながら、下村さんの心中に思いを寄せた。

「辛いですね。でも、下村さんのからだでは、どうしようもなかったですよね。人間には、できることとできないことがあるから、あんまり自分を責めないほうがいいんじゃないでしょうか。精一杯、亡くなられたご夫婦のご冥福をお祈りしましょうよ」

下村さんは、しばらく目を閉じていた。私は、少し話題を変えた。

「鷹取商店街の一帯は、ほんとに一面焼け野原になってしまいましたね。地震後間もなく、取材であの辺りを歩いたんです。最近も訪れたんですが、ポツポツ新しい家が建ち始めてるけど、まだまばらですね。早く復興して鷹取に帰れるといいですね」

それは無理な話であることは私にもわかっていた。仮にアパートが新築されても、家賃は高くなり、生活保護者にはとても入れないだろう。それでも、下村さんの気持ちを少しでも未来に向かうようにしてあげたいという思いから、そう言ったのだった。

「うん……長田には何でもあるもん。ここは物は高いわ、バスに乗ってかなあかんわ。長田は物がすごい安いで。映画館も六、七軒あった。もう一軒もあらへんわ。こないだ長田神社まで行ったら、何かやっとった。あんなん見るの好きやけどな……」

そう語る下村さんの言葉には、とても帰れないだろうというあきらめの気持ちが滲んでいた。下村さんは私に対しすっかりと打ち解けた気持ちになったのか、生い立ちや家族の話まで打ち明けられた。実の姉がいるが、北陸のほうに住んでいること、最近は何の連絡もないことなど、聞いていると寂しくなるばかりだった。世の人々の生活や人生というものは、表面を見ているだけでは、何とか平穏に過ごしているようでも、屋根の下では、どの家も様々な問題を抱えているものだ。災害で家を失い仮設住宅での暮らしを余儀なくされると、家庭内のぎくしゃくしていた問題が否応なしにむき出しになってくる。

気がつけば、下村さんの部屋を訪ねてから、二時間が過ぎていた。

「またお伺いしますね。今日はいろいろと立ち入った話を伺わせていただきありがとうございました。気が向いたら、散歩などしてはいかがでしょうか」

「ありがとうございました」と言って、下村さんは起き上がり、私を見送ってくださった。

生活の場の焼け跡で

私はふれあい広場に戻って、住民の利用の仕方やボランティアの人々の動きなどを、しばらく観察しつつ、忙しい黒田さんが一息つくと、あれこれ尋ねたりしていた。夕方になったので、少し外気を吸おうと思い、仮設住宅の敷地内を散策した。すると、向こうから身体を右に傾け右足を引きずるようにして歩いてくる男性が見えた。近づいてよく見ると、下村さんではないか。厚手のジャンパーを着込んでいる。

「あれ、下村さんじゃないですか」

声をかけると、下村さんは立ち止まり、笑顔で会釈した。

「先ほどはお邪魔しました。少し元気が出たようですね。やっぱり外の空気を吸うのはいいでしょう」

私が話しかけると、下村さんはうなずいて、

「ええ、ちょっと散歩したくなってね。いろいろ聞いてくださってありがとうございました」

「ふれあい広場でお茶でも飲んで、誰かと世間話をするといいですよ。黒田さんもいますよ」

私は広場の小屋のほうを指差して、そう勧めた。下村さんは、「はい」と言って、小屋

のほうへ歩き出した。

一週間後、私は再び神戸に出かけ、鷹取の焼け跡に取り急ぎ建てられたプレハブ仮設のキリスト教会で、ボランティア活動家たちから活動状況について聞き取りをした。その後で、一年経った焼け跡の瓦礫の整理状態を見て回った。ところどころに新しい家が建てられてはいたが、まだまだ復興は遠い感じだった。すると、焼け跡の中を通る道路で、身体を傾けて歩いている下村さんにばったり出会ったのだ。

「下村さんじゃないですか。こんにちは！　よく出て来られましたね」

私は下村さんの手を握ると、下村さんも笑みを浮かべて手を握り返してくれた。下村さんは一週間前と表情がまるで違っていて、生き生きとしていた。

「やっぱり、鷹取は懐かしいですか。こんなふうになっても」

「そうですね」と言って、下村さん目を遠くに向けた。「でも、すぐに帰れるあてはないしねぇ」。明るい表情の中にも、やはり少し陰りが見える。私は明るさを大切にしてあげようと、

「でも仮設にこもっているよりは、こうやって、時々鷹取に来て散歩するだけでも、気分が晴れていいんじゃないですか」と言った。

「でも、交通費が高いんや。バスと地下鉄を乗り継いで往復すると、千円もかかるんで」

「そうですか。結構かかるんですね。でも、仮設にこもっていたんでは、からだにも精神的にもよくないですから、月に二〜三回は心の医療費だと思って外出するほうが、カンチューハイにお金を使うよりいいんじゃないかと思いますよ」

生活保護者にとって、一回千円の交通費は負担になるのを承知しつつも、私はあえてそう言った。この一週間の下村さんの変化を見て、人という文字の成り立ちを思った。人は一人では生きられない。一人でこもっていると、底なしの暗闇に落ちて行くばかりで、一本の枝でもいい、手に触れるものがあれば、それを摑んで這い上がることができる。誰かが話を聞いてくれる、誰かが話し相手になってくれるということは、そういう一本の枝に相当するものだろう。

そういう、ささやかながら大事な取り組みを、黒田さんたちは仮設住宅で孤立し孤独になっている中高年の被災者に対して行っているのだ。そのような「たった一人を救う」「最後の一人まで」というキーワードで普遍化される活動を、黒田さんは私に実感としてわかってもらおうと、下村さんとのおつき合いを私に託したに違いない。おかげで私は、黒田さんが編み出したボランティア活動の真髄を、単なる知識や概念としてでなく、心身全体に染み渡る実践知として体得することができたのだ。

黒田さんのそういう実践知の原点は、もともと看護師として臨床の現場を重視し、患者の状態やニーズに応える看護のあり方を追い求めていた姿勢にあったと言えるだろう。そして大震災に直面し、まず宝塚市の応急救護所や避難所で活動する中で、行政の立場で対応し得ることの限界を痛感したことから、市職員を退職してボランティア活動に身を投じ、被災者の実に多様な切迫したニーズにきめ細かく対応していく中で、実践知の思想を磨いていったのだ。もちろん病院や行政の役割を否定したのではない。

例えば、仮設住宅での孤独死を防ぐための見回り活動とか、障害者の外出・移動へのサポートは自治体の行政区域内に限られ、時間も夜八時を過ぎるとだめとか、給食サービスのメニューは一律で、食事制限のある病人のことまでは配慮しないなど、制度化された支援活動には限界がある。黒田さんたちは、そういう制度の限界を「隙間」と呼び、「隙間」を埋めることをボランティア活動の柱の一つに掲げていた。

災害ボランティアのスピリッツ

黒田さんと共に、阪神・淡路大震災後の災害ボランティア活動の旗手的な役割を担った人物として、さらに二人を挙げておくべきだろう。一人は、手づくり靴の工房で仕事をしていて、震災後、ボランティア活動に参加し、後に被災地NGO協働センター代表になった村井雅清さん。もう一人は、かねて障害者支援活動を進めてきて、震災後、被災地障害者センターを設立した大賀重太郎さんだ。

震災から一年、三年と経ち、それまでになかったボランティア活動のスピリッツ（spirit: 精神）や思想が形成されていった。そうしたスピリッツや思想は、後の新潟県中越地震や３・11東日本大震災など数々の震災や豪雨災害の被災者支援活動を多様な内実のあるものにしていく。

そのスピリッツや思想を具体的に表したキーワードの主要なものを、いわば「用語創作者」別に列挙すると、次のように多様だ。

●黒田裕子さん――「最後の一人まで」。人と人、人と組織、組織と組織を柔軟に結びつけていく「つなぎあわせる」。「自己の可能性をみつめる」。

●村井雅清さん――「たった一人を大切に」。「最後の一人まで」。ボランティア活動はその人なりの生き方と取り組み方を大事にして参加してもらうという意味で「なんでもありや」。

●大賀重太郎さん――「顔の見える関係」。人それぞれの生き方や価値観を大切にすることを支援の前提にする意味で「違いを認め合う」。

これらの平易だがユニークな言葉は、どこかの市民活動教本や社会思想の本にあるものではない。都市構造の激変や災害リスクの高い中山間地域の宅地開発、超高齢社会への移行、格差社会の進行など、時代変化に伴って起こる新しい災害形態の現場で、被災者一人ひとりの個別の事情と向き合う中で、しかも普遍性のある意味をこめて、生み出されたものなのだ。まさに現場主義に基づく合言葉と言ってよい。

若い世代への伝承

黒田さんとは、その後、様々な災害現場やシンポジウムなどでお会いしてきたが、災害現場で最後にお会いしたのは、3・11東日本大震災で甚大な被害が生じた宮城県気仙沼市の仮設住宅でだった。気仙沼は大津波に襲われただけでなく、大小の貨物船や漁船の停泊する港湾内に船舶の重油が流れ出して大火災となり、住民を恐怖に陥れた。

黒田さんは、災害直後から地元の知り合いのボランティア活動家と連絡を取り合い、阪神高齢者・障害者支援ネットワーク（当時）の仲間たちと共に気仙沼に駆けつけた。直後は青テントを張って拠点にし、公共施設や学校の講堂などの避難所を回って、避難者の健康管理や生活用品支給の活動をしていた。

夏が近づき、仮設住宅があちこちに建設されると、気仙沼市南部の面瀬《おもせ》中学校校庭に建てられた面瀬仮設住宅の一棟の四分の一くらいのスペースを集会所として確保してもらい、活動拠点にした。ボランティアスタッフは、はるばる関西から交代でやって来て、いつも最低三人が常駐して二十四時間体制で対応できるようにするというシフトを組んだ。スタッフは、集会所の片隅に設けた和室と炊事室で寝泊まりして自炊するという、いわば〝臨戦態勢〟で対処した。

黒田さんが被災者の生活のために考え出した現場主義ならではの〝生き抜く知恵〟は多いが、その一つ、新聞古紙の利用法は、実に有効な災害時の知恵と言えるだろう。寒気が入ってくる避難所の体育館などで寝る時、古紙を三～四枚重ねて広げて身体にかけ、その上に布団をかけると、毛布を一枚増やしたに等しいくらい暖かくなる。津波や雨で濡れた衣類を古紙に挟んでおくと寒い日でも乾きやすいなど、ずいぶんと役に立つのだ。古紙は新聞社や販売店から提供してもらう。

仮設住宅に移ってからは、集会所をふれあい広場にして、茶菓を出しての懇親を始め、朝のラジオ体操、地元のミュージシャンによる音楽会、三月十一日にはたくさんのローソクを灯しての津波犠牲者の追悼会など、被災者たちが互いにつながりを持てるような行事を行っていた。

西神第七仮設の時と一番違ったのは、黒田さんがいることで、東北地方や首都圏などの看護大学や看護学校が、面瀬仮設住宅を災害看護や被災者支援に関する現場実習の場として学生を送ってくるようになったことだった。

それは黒田さんにとって、大歓迎の変化だった。

黒田さんは、阪神・淡路大震災から五年が過ぎた頃から、災害看護のあるべき取り組みや災害ボランティアのスピリッツについて、しっかりと若い世代に伝え、全国的に根づかせなければという思いを強く持つようになっていた。日本災害看護学会の設立に力を注いだのは、その思いを具体化しようとする活動の一つだった。そして、もう一つは、災害の現地に集まってくるボランティアの学生たちに、被災者支援の大事なポイントを実践を通じて体得させることに情熱を注いだことだった。

ローソクの灯への祈り

私が面瀬仮設住宅に黒田さんたちの活動を手伝うために訪れたのは、大震災から三年経った二〇一四年三月と五月の二回、のべ五日間だった。東京電力福島第一原子力発電所の事故調査や、放射能汚染地域からの避難を余儀なくされた小学校の児童たちの支援活動などに追われていたため、なかなか気仙沼まで出かけられなかったのだ。気仙沼へは、東北新幹線で一ノ関駅まで行き、そこでレンタカーを借りて、国道を東に向かって一時間ほど走れば着く。

黒田さんは、相変わらずエネルギッシュに動き回っておられた。私が最初の三月の訪問時に予め頼まれていたのは、三月十一日夕の追悼慰霊の集いに参加して追悼の言葉を述べてほしいこと、集会所で入居者のために心を癒やす「お話し会」をしてほしいこと、そして毎日夕刻に活動から帰ってきたボランティア学生たちの報告と問題点を学び合う会に参加して感想を述べてほしいことの三つだった。

追悼慰霊の集いに参加したことは、床に並べたローソクを灯してのお祈りを共にし、その後の簡素な茶話会もあったので、入居している被災者たちと面識を得、どんな日常を過ごしているかを知るうえで、とてもいい機会になった。

お話し会については、私はお説教じみた話をするよりは、少しでもこころが解放されるものにするのがいいと思い、私が撮りためている美しい雲、動物や鳥や怪獣の形をした雲などの写真を「雲は詩人」というテーマで編集してパワーポイントで投影し、映像に合わせて楽しいコメントを挟んでいくという内容にした。集まった人たちの中には、「これからは、外に出たら空を見上げ、雲を楽しむようにします」と話してくださる人もいて、私はほっとした。

夕刻の学生たちの報告会は、なかなかに有意義なものだった。学生以外の若者たちも参加して、十人余りが車座のように椅子を円形に並べて座り、一人ずつ順に、その日の活動を報告する。活動は面瀬仮設内の高齢者のケアが多いが、他の仮設住宅や福祉施設などに出向いてケアの手伝いをする例もある。

一人の報告が終わると、その都度、黒田さんが厳しい質問をする。配慮すべき点や自立につながるようなお手伝いのあり方などについて、学生の活動を検証するような問いを投げかけるのだ。それは、どんな意識でその行為をしたのか、手伝いながら、どういうことに気づいたかといった、学生のこころの中まで点検するような問い方だった。

《そこまで掘り下げた自己検証をしなければ、本物のボランティアスピリッツは血肉に染み込む学びにならないのだろうな》と私は思いながら耳を傾け、多くのことに気づきを得たのだった。

黒田さんは、看護学生に対しては、特に厳しかった。私が滞在中、看護大学の大学院生三人が参加していたが、院生に対する助言と指導は、行為の専門性を含めて特別のものに思えた。

二度目の五月に気仙沼に出かけた時に頼まれたのは、津波によって園舎が流されたため高台に移設された幼稚園で、子どもたちに柳田さんならではの絵本の読み聞かせをしてほしい、ということだった。

私は月並みでない読み聞かせの仕掛けを考えた。それは小学生や幼稚園・保育園児を対象に何度もやってきたことだった。いろいろな雲のカラー写真をB４サイズの紙にカラーコピーをして持参し、目の前の床に集まって座ってもらった子どもたちに、一枚ずつ見せては、「これ、何に見える？」と問いかける。

「犬！」「カタツムリ！」「クジラ！」「怪獣！」と、子どもたちの叫び声が上がる。一枚ごとに、最初は雲だけの写真を見せ、子どもたちがひとしきり動物名などを叫んでから、次には私が同じ写真の雲に動物などの姿をいたずら描きしたものを見せると、ワーッと笑い声が上がる。そんな遊びを十五分くらいすると、子どもたちは私に対し〝武装解除〟をしたかのように親近感と集中力を持つようになる。そのタイミングを摑んで、私が「それでは、これから紙芝居を読むね」と言うと、子どもたちは一人残らずキラキラした目をこちらに向けてくるのだ。

気仙沼の幼稚園でも、そのやり方で雲のいたずら描き遊びと紙芝居の読み聞かせをしたら、子どもたちは昂奮気味の目を紙芝居の絵に向け、物語の世界にしっかりと入ってくれた。一緒に幼稚園を訪れた黒田さんは、私が子どもたちと楽しい遊びの時間を過ごしている間、少し離れたところの床に座って、終始笑顔で見ていてくださった。

その穏やかな雰囲気からは、四か月後に肝がんで急逝するなどとは、想像だにしなかった。私がその時感じたのは、黒田さんは被災地の子どもたちがこころの中に秘めているに違いない震災のトラウマを、少しでも解消してあげなければならないという問題についても、しっかりと視野に入れておられるのだということだった。ただ、後になって振り返ってハッとなったのは、黒田さんがずっとマスクをつけておられたことに、私は何となく違和感を抱いていたことだった。「ちょっと風邪気味で」と言っておられたが、本人は《どうも体調がよくない》と感じておられたのではなかろうか。

そして、八月に倒れたのだ。本節のはじめに書いたように、私が九月十五日に西宮の病院に駆けつけた時、黒田さんが「時間がない」という無念の思いの文脈の中で、お腹をさすりながら張り上げるような声で語った言葉が、私の脳裏に深く刻まれている。

「最近の看護の仕事は理論に偏り、ケアのこころが薄くなっている。看護を患者中心に変えないと。大事なのは現場です。現場にしか本物はない。現場から解決法を提言していくんです」

天に翔けた黒田さんに、私は伝えたい。

「大丈夫です。黒田さんと思いを共有し、行動を共にした仲間たちや若い世代の人たちが、黒田さんの言葉をしっかりと記憶に刻み、そのスピリッツを継承していますから」と。

5章

5歳児の「死後生」が姉12歳の人生指針に

だっこのしゅくだい

絵本が幼い子や小中学生くらいになった少年少女の心に、その子の人生を左右するほどの深い影響を与える力を秘めていることについては、絵本専門家の間でしばしば語られてきた。私も、そういう子に何人も出会っている。

私にとって特に印象深いのは、東京・荒川区の藤倉みゆさんだ。

みゆさんとは、小学校一年生のときから大学生になるまで、何度も手紙による交流を重ねてきた。そのきっかけとなったのは、荒川区の西川太一郎区長（当時）の発案で二〇〇八年度から始められた「柳田邦男絵本大賞」だ。

私が当時、荒川区主催の絵本講演会で、「絵本は子どもも大人も心を豊かにする影響力を持つすばらしい表現ジャンルです。家族で絵本を読み合う家庭文化を荒川区に浸透させることをお勧めします」と語ったら、熱心に聴いてくれた西川区長が、その場で即断して、こう発言してくださったのだ。

「大人も子どもも、絵本を読んで、感動したり気づいたりしたことを、柳田さんに手紙に書いて送り、優れた感想文には〝柳田邦男絵本大賞〟を贈る。これを荒川区の事業として取り組むことにします」と。

こうして始まった荒川区柳田邦男絵本大賞の二年目（第二回）の応募感想文のなかに、第一日暮里小学校一年生だったみゆさんからのおたよりがあったのだ。

みゆさんの感想文の題は、「すてきなしゅくだい」。読んだ絵本は、動物たちの学校で、山羊のめえこせんせいが生徒たちに出したしゅくだいをめぐるお話だった。しゅくだいは、「おうちのひとにだっこしてもらい、どんなだっこだったか、あした教室で発表してください」というのだ。

みゆさんの感想文は、自分の感情の動きと家族の情景を目に見えるように描写した文章だった。その一部を紹介しよう。

〈こんなしゅくだいなら、プリントよりもかんたんでいっぱいいやっちゃいます。〉

〈ママのだっこはちょっとぎゅうっとでした。もっとつづけばいいなとおもいました。パパのだっこはすごくぎゅううっとしてつよかったです。おばあちゃんのだっこはふんわりやさしかったです。おじいちゃんはかたのいたいのがなおったらだっこしてくれるとやくそくしてくれました。たのしみです。

わたしはパパのだっこが一ばんすきです。ちからがつよくてあんしんするからです。〉

私は、第二回絵本大賞に、迷うことなくみゆさんの感想文を選んだ。

弟の死、絵本による癒やし

そして、六年後のこと。六年生になっていたみゆさんから再び頂いたおたよりに、私はショックを受けた。おたよりによると、五歳だった弟を、一年前に病気（後に白血病だったと教えられる）で亡くすというとても悲しい出来事があったというのだ。それでも私が感動したのは、一冊の絵本を読むことによって、弟はどこかへいなくなったのではない、「私の心の中にずっといるんだ」と思うことで、心が落ち着くようになったという、心情の吐露だった。

一冊の絵本とは、私が翻訳したベルギーの絵本『だいじょうぶだよ、ゾウさん』（ローレンス・ブルギニョン作、ヴァレリー・ダール絵、文溪堂）だ。年老いたゾウと幼いネズミが、森のなかで仲良く暮らしていた。しかし、ゾウは年老いて病が重くなり、深い谷の向こうに広がる〝ゾウの国〟（あの世）に行かなければならない。

だが、つり橋が壊れていて、渡ることができない。ネズミはゾウがいなくなるなんて受け入れられないので、つり橋をなおしてあげない。でも、ゾウが大好きなバナナも食べなくなり、せきこむようになると、ネズミはゾウの身になって考えることができるようになり、せっせとつり橋をなおし、そのことをゾウに伝える。いよいよつり橋を渡り始めたゾウに、ネズミは後ろから声をかける。

「こわがらないで。もう、がんじょうになってるから！」

ゾウはふり向いてこたえる。

「こわくなんかないよ。だいじょうぶ、安心してわたれるさ！」

ゾウが渡り切って森のなかに消えていくのを見とどけたネズミは、ひとりつぶやく。

「きっとすべてうまくいくよ……」

これはまさに、人間におけるあの世に旅立つ人とケアし看取る側の人のそれぞれの物語と言える。人生の最終章への受容と残される者のグリーフワークの物語だ。実際、作者ローレンスさんは、来日して面会したとき、私に話してくださった。「この絵本は、私が幼い頃、やさしかった祖母が亡くなったときの悲しい体験がもとになっているのです」と。

十二歳だったみゆさんは、私へのおたよりにこう書いている。

〈今まで、ずっと一緒にあたりまえのようにいたのに、いなくなってしまうことが、どれほど、辛く、悲しいことか、とても心が痛いです。

できれば、ねずみだってずっとこのままがいいと思っていたでしょう。

でも、ゾウさんの命があぶなくなっていることに気づいた時ねずみは、ゾウの国へ安心して行かれるようにしてあげたいという気持ちにかわったのです。本当はずっと一緒にいたいと思っているのに。ねずみのその気持ちが私の気持ちと重なりました。

先生、私の弟が、空へ旅立った時はすごく悲しかったです。けれど、弟は私の心の中にずっといるんだと思うことで、少しだけ心が落ち着きました。私は、ねずみさんに教えてあげたいです。

ゾウさんは、ねずみさんの心の中にずっといるよって。〉

心のなかに生きている——

このおたよりに対し、私は次のようなメッセージを送った。

〈五年たって、今回いただいたおたよりを読んで、その後藤倉さんの家族に大変なことがあったことを知り、胸がしめつけられる思いがしました。藤倉さんには妹さんと弟さんがいて、弟さんが難病だったのですね。そして藤倉さんが五年生のとき、五歳だった弟さんが天国に行ってしまったという。どんなに悲しかったことでしょう。

「今まで、ずっと一緒にあたりまえのようにいたのに、いなくなってしまうことが、どれほど、辛く、悲しいことか、とても心が痛いです」という藤倉さんの述懐は、弟さんを亡くした身だからこそ、心の底からにじみ出てきた言葉でしょう。

それでも、『だいじょうぶだよ、ゾウさん』を読んだことによって、藤倉さんはこう書けるようになったのですね。

「私の弟が、空へ旅立った時はすごく悲しかったです。けれど、弟は私の心の中にずっといるんだと思うことで、少しだけ心が落ち着きました」

藤倉さん、弟さんを亡くした悲しみは悲しみとして、無理に涙を抑えなくていいのです。でも、心の中に生きている弟さんは、いつまでも可愛い目差しで、藤倉さんを支えてくれるでしょう。「一緒に生きているんだ」と思い続けると、きっと弟の声が聞こえる日があると思います。そんなときには、おたよりをくださいね〉

絵本をめぐる子どもとの手紙のやりとりは、ほとんどこのあたりで終わってしまうのだが、みゆさんとの交流は違っていた。何とさらに七年後、みゆさんが大学生になってから、久しぶりにおたよりを寄せてくれたのだ。しかもおたよりには、「この本とあゆむ将来の夢」というタイトルまで付けられていた。やや長文だが、全文を紹介したい。

病児をケアする専門職

〈柳田先生お久しぶりです。

私は柳田先生からいただいたメッセージ「一緒に生きていると思い続けると弟の声が聞こえてくる日がくる」――最近この言葉の意味が分かってきた気がします。私は大学生になり小児科で多くの患児やその家族の心を救う子ども療養支援士を目指して勉強を頑張っています。

そんな私がここ数年何回も読んでいる絵本があります。この絵本を読んだ時、これは将来小児科で働くことが出来れば多くの家族や一緒に働く仲間にお勧めしたい本です。チューリップのプーが主人公、かんたろうが水をあげて花を咲かす予定でしたが、かんたろうが病気になって水をあげられなくなってしまいました。そんなプーが必死に自分で花を咲かせるために仲間と一緒に頑張るお話です。

プーやタンポポのポポたろうのことを、私は小児科で頑張っている子どもたちであるように思えました。そしてかんたろうは医療従事者や患児の家族のように考えるとたくさんのメッセージが見えてきました。大学で多くの子供たちの闘病生活の講義を聞く中で、お母さんが話してくれた弟のことを思い出しました。弟が入院していた時、みんな一人ひとり違う病気で違うつらさがあっても、年齢が違うつらさがあっても、年齢を超えて声を掛け合い、楽しい遊びなど子供ながらに相手のことを考え行動できる強さ。ポポたろうがプーに言葉をかけて、それに対してプーが頑張っている様子にとても似ていませんか？　この後に、絵本の中にはポポたろうとプーがお互いをけなしあうシーンもありましたが、きっとお互いつらい思いを吐き出しているのかなと思いました。そのページのポポたろうの表情が怒っていながらも心配しているようで、愛おしく感じました。

そしてもう一人の登場人物バラのバーバラーがでてくるシーンでは、プーに対して厳しい言葉を言っていて、なんでこんなことを言ってしまうのだろうと、ちょっと悲しい気持ちになりました。しかし、その言葉によりプーは頑張ろうとする気持ちに変わっていく姿、そのような厳しい言葉が強い気持ちで乗り越えていくきっかけになるのだと考えさせられました。

その後、かんたろうは病気が治り、プーのことを心配しながらベランダに行き、お互いの気持ちを分かりあい、かんたろうの涙によって立派に花を咲かせられました。私は、子供たちの気持ちに共感してあげたり、かんたろうの涙のように少しでも手助けが出来るようになりたいという気持ちを重ねました。この絵本の裏表紙には、「プーがのこしたタネは、ほかのタネよりつよいタネにそだったようですよ　いのちは、ずーっとつづいていく」と書かれています。この言葉に私も、たくさんのメッセージを残してくれた弟が、最近私の横で「頑張って」と話しかけてくれているような気がします。このタネのように、私は誰よりも強くたくましく小児科で働けるように頑張って勉強し、子供たちと一緒にたくさんの絵本と出会いたいと思います。〉

「死後生」への思いが拓く人生

絵本からの刺激と学びを自分の目指す専門的職業人への決意に、このような形で結びつけて思索を深めるという真摯さに触れて、私はその根源にある感性のみずみずしさの重要性を改めて思った。そして、みゆさんの将来にエールを送るつもりで、次のようなメッセージを送った。

〈みゆさん、もう大学生になっていたのですね。みゆさんが小学校一年生のときのはじめてのおたよりも、六年生になってからの悲しい体験のおたよりも、それぞれに印象深い文章だったので、その後みゆさんはどのように成長したかなと、毎年絵本大賞の選考の時期になると思い返していました。

みゆさんは、弟の死という悲しい体験を、自分の人生のなかでどう生かしていくかと前向きに考えたのですね。そして、病院で入院生活を送る患児やケアをする家族のこころを支える「子ども療養支援士」になろうと決めて大学に進み、その学科で学び始めたのですね。

そして、そういう専門職をめざすなかで、『いのちのはな』という絵本を何度も読んでいるとのこと。その絵本は、チューリップのプーが花を咲かせられるように水やりをしていたかんたろうが病気になって水やりをすることができなくなったため、プーはそれでもなんとか花を咲かせようと、仲間に支えられて頑張る話ですね。みゆさんは、弟が入院していたときの小児病棟の様子をお母さんから聞いたので、その状況をこの絵本の物語に重ね合わせて考えたという。小児病棟では、「みんな一人ひとり違う病気で違うつらさがあっても、年齢を超えて声を掛け合い、楽しい遊びなど子どもながらに相手のことを考え行動できる強さ」が見られるというのですね。

絵本のかんたろうは、病気が治って、プーのところへ行き、水やりしてやれなかった申しわけなさから涙を流します。プーはその涙を吸いこんで立派に花を咲かせることができたという終わり方になります。そして、みゆさんは、「子どもたちの気持ちに共感してあげたり、かんたろうの涙のように少しでも手助けが出来るようになりたい」と、すばらしい決意を明らかにしています。

そして、「たくさんのメッセージを残してくれた弟が、最近私の横で頑張ってと話しかけてくれているような気がします」とのこと。

みゆさん、ほんとうに成長しましたね。私は二十年以上にわたって、「いくつになっても絵本を読もう。絵本は人生のこころの友」と呼びかけてきました。十四年を数える荒川区の絵本大賞への参加呼びかけは、その私の活動の一つですが、今回、みゆさんの小学校一年生から大学生になって子ども療養支援士をめざすまでの十二年の歩みをたどると、絵本大賞の活動を続けてきたことには、十分に意味があったなと思いました。

みゆさん、これから子ども療養支援士の資格を取って、何年か経験を積んだら、またおたよりを寄せてくださいね。〉

以上のようなみゆさんの心の成長の経過を見ると、子どもであっても、大切な家族の死という辛く悲しい喪失体験をしても、亡き人の「死後生」（魂）の存在を意識し続けることによって、自分の新しい人生を切り拓くこと（まさにグリーフワークそのもの）ができるのだと言えるだろう。そう見ると、「死後生」に気づき、「死後生」との会話を深めるということは、「啓示」との遭遇に等しい体験と言えるだろう。

〈追記〉荒川区柳田邦男絵本大賞は、西川太一郎区長の強い信念で二〇〇八年度から開設され、十四年間続けられ、絵本感想文の応募数は、はじめの頃は毎年数百通だったものが最後の頃には二千通近くにまで増え、感想文の内容も、「絵本を深く読むことで、子どもの心の発達をはかろう」というねらいに添うものになっていた。しかし、二〇二四年十一月、西川氏の退任により、絵本大賞は廃止された。

6章

「生きなおす」ための5つの視点

（1）「人間、死んだら終わり」ではない

自分の思想は、自分で編み出していく

私は栃木県の鹿沼という、のどかな町で生まれ育ちました。しかし、そんな田舎町でも、軍需工場があったため、戦争では空襲を受けました。

あれは、終戦の少し前の七月のことです。夜中に空襲警報が鳴って間もなく、爆音とともに、Ｂ29の大編隊がやってきました。慌てて庭の防空壕に逃げ込みました。首だけ出して空を見上げると、低く垂れ込めた雨雲を突き破り、焼夷弾が一斉に落ちてくるのが見えました。それは、まるで満天を覆う無数の大輪の花火が降ってくるようでした。

当時、結核を患って自宅で療養中だった父は、「俺は、もう死んでもいい」と家の奥の間で床についたままでした。空からは、無数の真っ赤な火の玉が降り注ぐ……。ああ、これで万事終わりかと思いましたが、焼夷弾は放物線を描いて軍需工場とその周辺に落ちていきました。

工場と周辺の住宅が焼かれましたが、かなり離れていた我が家は無事でした。ただ、そのやや前に、昼頃近所の若い女性が米軍戦闘機の機銃掃射で亡くなりました。即死です。平屋の自宅内にいたのですが、機銃掃射の弾丸は、木造家屋の屋根などは容易に貫通してしまうのです。戦争というものは、無差別に人を殺していくもの。その恐ろしさを、嫌というほど思い知らされました。

ほどなく終戦となり、翌年の七月。すっかり弱っていた父が死に、その半年前の二月には、六人兄弟の上から二番目の兄も、やはり結核で亡くなりました。次兄は十九歳でした。「戦争」と「結核」。当時、日本人の二大死因とされた二つの理不尽が、私の家族のなかでも起こったのです。私が小学校三年生から四年生にかけての出来事でした。

後にノンフィクション作家として、病気や災害、不慮の事故など、「生と死」の問題を追いかけるようになったのは、幼い頃のこうした体験が原点ではないかと思います。

それから、もう一つ。子ども時代の読書体験も、私の精神的な基盤となりました。

次兄が死に、父が死に、残された母と子どもたち五人の暮らしは貧乏のどん底でした。そんななか、母の新聞・雑誌の廃物利用による八百屋向けの紙袋貼りの手内職を手伝って、わずかな小遣いをもらっていた私は、月に一度はそのお金を握りしめ、バスで宇都宮まで出かけていきました。焼け跡に立つバラック建ての本屋で、本を探すのが大好きだったのです。

『フランダースの犬』『家なき子』『あゝ無情』のような児童文学を何度も読んだのは、小学校四年生から六年生にかけてでした。本のなかに出てくる貧しい人や虐げられた人の姿を自分に重ね、幼いながら世の中の矛盾を感じたこともありました。

そんな小さな疑問が、いつしか社会に対する問題意識へとつながっていったのかもしれません。特に、高校時代は、仲が良かった友人四人で毎晩のように集まっては、「世の中、ここがおかしい」「社会を変えるには、どうすればいい」などと語り合ったものです。

大学に入ると、ちょうど学生運動の全盛期。社会改革を唱える若者がたくさんいました。ですが、彼らのようにイデオロギーによってセクトを組むようなやり方は、私にはどうも馴染まなかった。貧乏で子どもの頃から親に頼らず、自分で学費を稼ぎ、独立独歩でやってきたからでしょう。「自分の思想は、自分で編み出していくんだ」という思いが強かったんですね。

もの書きになってからも、「真実は、直接現場へ行き、自分の目で見、自分の耳で人の肉声を聞かなければわからない」が信条でした。

人間には、悲しみから回復する力が備わっている

事件や事故で子どもを亡くされた方、病気で連れ合いに先立たれた方、災害で家族を奪われた方……。長い作家生活のなかで、いろいろな方々とおつき合いをさせていただきました。人生は、時に残酷です。けれど、様々な喪失体験を持つ方の話を聞いてわかってきたのは、人間には「レジリエンス」といって、何らかのきっかけや周囲の人の支えなどで苦境から立ちなおり、回復していく力が備わっているということでした。

それは私自身の体験からもいえると思います。私が五十七歳のとき、心を病んでいた二十五歳だった息子が自ら命を絶ちました。深い悲しみと精神的な混乱。父親として、息子に何もしてやれなかった自責の念。自分の人生のすべてを否定されたような苦しみで、私はしばらく茫然としたまま、何もかも投げ出したい気分でした。

当然、今も心に傷は残っています。しかし、こうしてなんとか生きなおすことができている理由の一つは、母の影響だったかもしれません。

父が死んだとき、母はまだ四十一歳でした。十九歳の次男の死を悼む間もなく夫まで亡くし、五人の子どもを抱えて、さぞ不安だったでしょう。けれども、母は、落ちこむこともなく、悲しみも辛さも口に出さなかった。「仕方なかんべさ」「なんとかなるべさ」。それが母の口癖で、淡々と畑で野菜を育てて食糧難に耐え、手内職をし、日々を穏やかに過ごしたのです。そんな母の生き方に、私の性格は影響を受けたと思います。

辛いとき、苦しいとき、母の口癖を思い出して自分を律したというわけではありません。ただ、苦境に立たされたときのそうした母の口癖を体現した生き方が、無意識のうちに私の心の奥深くに刻印されていた気がします。少しずつ自然に、母と同じような心の持ち方となり、それが私自身のレジリエンスにつながったのではないかと思うのです。

ただ、これは私の場合であって、レジリエンスがどう引き出されるかは、一人ひとりみんな違います。例えば、こんな例もあります。私が取材を通して知った神戸市の山下京子さんという方の場合です。彼女は、一九九七年に起きた神戸の連続児童殺傷事件で、被害者となった女の子のお母さんでした。

女の子は、当時小学四年生。彩花ちゃんという名前でした。「酒鬼薔薇事件」とも呼ばれたこの事件の残忍さは、皆さんも覚えていらっしゃる通りです。我が子を殺害された京子さんは、ショックのあまり、何か月も外に出られない状態でした。

半年ほど経った、ある日のことでした。自治体の集まりがあったので、やっとの思いで、事件後はじめて参加したのです。帰り道、ふと空を見上げると、まん丸のお月さまが浮かんでいた。すると京子さんには、それが彩花ちゃんの笑顔に見えました。そして、はっきりとこんな声を聞いたのです。

「おかあさん、そんなに悲しまないで。私は天国で楽しく過ごしているから」

京子さんは、それをきっかけに少しずつ立ちなおっていきました。本当に不思議なことですが、こうしたスピリチュアルな体験が、その人の回復力を呼び覚ますことがあるのです。「これをすれば、こうなる」という論理的な因果関係では説明できないことが、人間の心の世界では起こるのですね。

人は死んでも、精神性のいのちは生き続ける

また、社会全体が、事件や災害、事故、人権侵害などの犠牲となった人やご家族に対して寄り添う姿勢を持つことも大切です。そうした被害者が窮状を訴えても、行政や企業が「法令では、それはできません」などと冷たい対応をする例が多い。

しかし、それが一人称、つまり自分自身の身に起こったときや、「あなた」と二人称で

呼び合う家族や親友のことだったらどうでしょう。誰もが「なんとかできないものだろうか」と心を砕くでしょう。

規則や法律など、三人称の冷静で客観的な視点も、もちろん大切です。でも、同じ人間同士、役所の人や企業人に、三人称と一～二人称の両方を視野に入れた「二・五人称の視点」が、これからは必要です。「これが自分のことだったら……」「家族が同じ状況に置かれたら……」と想像してみる。そうすれば、もっと共感し合える社会になるのではないかと思います。

人生は時に厳しく、試練が訪れます。しかし、だからこそいのちの精神性は磨かれ、他者に対する慈愛の心が生まれます。確かに、歳をとれば肉体は衰えますが、様々な経験をしたぶんだけ、精神はむしろ成熟し、輝きを増していくと思うのです。

「人間、死んだら終わり」といわれますが、私はそうは思わない。なぜなら、人の精神性のいのちを映す最後の生き方や言葉は、遺された人の心に生き続け、その人生を膨らませていくからです。このことを私は「死後生」と呼んでいます。私の母の「なんとかなるべさ」の生き方は母の「死後生」として私の心の中で生き続け、私を苦難から再生させてくれたように、亡き人の「死後生」は遺された人の道しるべになるのです。そう考えると、死は決して恐れるものではありません。

私も八十歳代半ばになりました。自分はいったい次の世代に何を遺せるのか。最後の最後まで、できる限りのことをやろうと思っています。今を懸命に生き切ろうと思います。自分の生き方が、どこかで誰かの役に立てるかもしれませんから。

（2）真の幸福は不幸の中に落ちている

しなやかな心が人生の糧になる

人はどんなときに自分の境遇を不幸だと感じるのでしょうか。一言で言ってしまえば、それは落差の中から生まれてくるのではないでしょうか。

それまで順調な道を歩んできた。会社の中でもそれなりに出世をし、ローンを組んで自分の家も手に入れた。家庭には平穏な日々があった。子どもに手がかからなくなり、妻は趣味の手芸教室で楽しんでいる。しかし、ある日突然リストラに遭う。職を失い、その上にやっと買った家まで手放さなければならない。広い家から狭いアパートに移り住む。美味しいものも食べられなくなる。着飾ることもできなくなる。その落差に人は絶望感を抱く。

すべての物を失っても耐えられる心。また出直せばいいと思える強さ。何事にも動じない自分。そうした内面のしなやかさを持つことが、幸せな人生を歩む上での糧《かて》になると私は思っています。

物を失い、無一文になる。それは表面的には不運なことかもしれない。しかしそんなことに絶望しないで、これは自分にとっていい問いかけになったと考えてみる。物や地位を失ったなかで、人間にとって何が一番大切なものなのかを考えてみる。それはお金でも家でもないはずです。

人間にとってかけがえのないものとは何か。その答えを探すにはとてもいい機会です。落差を経験することによって、人は内面を見つめることができるのです。現実に今、落差に苦しんでいる人から見れば、何と不謹慎で無責任な発言だと思われるでしょう。それでもあえて私は、落差は心の糧になると言いたいと思います。

病気もまたしかりです。元気いっぱいで働いていたのに、急に重い病気を患ってしまう。もう出世や地位は期待できない。その落差が人の心を壊しかねない。

その境遇をしっかりと受け入れることです。病気をしたことで、それまでの人生を見直すこともできるでしょう。そこには人の優しさや、本当に大切なものが見えてくるはずです。物を手に入れることで味わう満足感よりも、もっと深い味わいに気がつくこともあるでしょう。

人生は決して平穏な日々が続くことはない。大小様々な落差が待ち受けているものです。その落差に絶望を感じるのではなく、内面を見つめるチャンスだと捉える。そうするときっと、昨日とは違う自分に気づくでしょう。

幸福と不幸はコインの表と裏ではない

幸福と不幸はよく、対極のものだと捉えられます。幸せが表で、不幸せが裏だと。まるでコインを裏返せば幸せになれるかのように。

しかしそれは、あまりにも物やお金に支配された感覚だと私は思います。お金や物がたくさんあれば幸福で、少ししか持っていなければ不幸だと感じる。もちろん私はお金を否定しているわけではありません。でもそれは、人間にとって真の幸福につながるとは思わない。

人間は基本的に不幸の中で生きている。私はそう考えています。「どうして私ばかりが不幸な目に遭うのだろう」「周りの人は皆輝いているのに、私には何もない」「ああ、もっと私も幸せになりたい」。こうした気持ちは、おそらくほとんどの人が抱えているのではないでしょうか。誰もが皆、不幸を感じながら生きているのです。

齢《よわい》を重ね、自分の人生を振り返ってみたとき、そこには幸福のかけらがたくさん落ちていることに気がつきます。「あの頃は大変だったけど、結構楽しかったなあ」「あの頃はお金がなかったけど、それでも幸せだったなあ」。私もこの歳になって、そんなふうに思うことがあります。

つまり幸福というものは、後になってからしかわからないものなのです。今は不幸だと思っている状況でも、時が経てばそれが幸福だと思える。今を一生懸命に生きていれば、必ず不幸は幸福へと姿を変える。そういう意味で幸福と不幸は、表と裏ではないのです。不幸の中にこそ、きらっと光る幸せの種が落ちている。真の幸福とは不幸の中にこそあるもので、不幸というものを体験せずに幸福になることなどないと私は思っています。

人生の指針となる「心」を伝える

現代の日本の子どもたちは、物質的にとても恵まれた状況にあります。何でも欲しい物が手に入る。誕生日やクリスマスには高価なプレゼントを貰える。私が幼かった頃、母は自分が着古したセーターの毛糸をほどき、その糸で手袋を編んでくれました。忙しいなか夜なべをして、子どもたちの折々のプレゼントを編んでくれました。母の優しさがこもった編み物を貰ったときの心の温《ぬく》もり。それは今でも忘れることができません。そして何より、現代の子どもよりも幸せだったように感じるのです。

母が四十一歳のとき、父が他界しました。残された五人の子どもを、母は女手一つで育ててくれました。小さな畑で野菜を育て、夜遅くまで手内職に明け暮れていました。それは、貧しい生活でした。

そんな母がいつも言っていた口癖があります。「仕方なかんべさ」「何とかなるべさ」「あの人はたいしたもんだ」。この三つの言葉が私の心に染み込んでいます。自分の境遇を恨んだりするのではなく、いつも前向きに生きようとする。決して人の悪口を言うことなく、常に一人ひとりのすばらしい面に目を向ける。

母は田舎の農家の娘でした。大した教養があるわけではありません。それでも母のこの言葉は、いかなる哲学者の言葉よりも、私にとってはすばらしいもの。それは今でも自分の人生の原点であり、指針とも言うべき教えとなっています。

こうした親から受け継がれる心の持ち方や言葉を、私は「心の習慣」と呼んでいます。

それこそが大事な「家族の文化」です。高価な物を子どもに与えるのではなく、人生の指針となる心を伝える。欲望や幸福にばかり目を向けるのではなく、しっかりと悲しみや辛さを見つめる勇気を教える。それが親としての役割ではないでしょうか。不幸を知らない子どもたちは、決して本当の幸せをつかめない。

今は子育てに悩む母親が増えているようです。何十万人もの母親が、インターネット上で悩みを打ち明け合っている。彼女たちはパソコンを扱う知識を持っている。パソコンを買うお金も持っている。そしてパソコンを置くきれいな部屋も持っている。なのに子どもを育てることに悩んでいる。何とも奇妙な話だと思います。家族の文化が壊れた大変な時代です。

何か大切なものを忘れてはいないでしょうか。人間にとって、何が一番大切なのか。そのことを、本気で考える時期に来ている。自分の境遇を恨んでばかりいるのではなく、たくさんの不幸にしっかりと目を向ける。そこから温かな「心の習慣」を生み出していく。大切なのは、親と子が一緒になって、幸せのかけらを探していくことです。

(3) 悲しみは真《まこと》の人生のはじまり

涙が映し出すもの

人は悲しいことやつらいことに身を包まれたとき、涙を流すのは自然な感情の作用と言えるでしょう。しかし、あまりにも当たり前のことなので、涙の意味を深く考える人は稀《まれ》だと思います。特に医学の専門家である医師たちには、患者・家族の感情に引きずられないで、客観性を保つことを優先して、患者・家族の涙の深い意味について考えようとしない傾向があるように見えます。もちろんすばらしい医師は少なくないのですが。

最近、絵本『なみだ』(ドン・ボスコ社)を著した元聖路加国際病院小児科部長の細谷亮太先生は、そうではないです。細谷先生は、「僕は泣けなくなったら医師をやめます」と、かねて語ってきました。そして、長年にわたって、小児がんや難病の子どもたちの診療や親たちの相談とケアにあたってきた経験を通して、患者・家族の涙の深い意味、とりわけ悲しみの経験から、歳月を経るなかで、涙がやさしく温もりのあるものに変質していくことについて、暖かく見守ってきました。そうした涙の深い意味を知ることは、長い長い悲しみの歳月を過ごした人にとっても、新たに悲しみに直面している親や子にとっても、自分を肯定的に受け止め、生きなおす力を取り戻すきっかけになるに違いありません。そんなねらいで描いたのが、絵本『なみだ』なのです。

この絵本を繰り返しゆっくりと読み進むうちに、私の脳裏に自分の少年時代のことが、絵本に描かれたいくつもの情景に重なって浮かんできました。それは、父の死とその後の自分の心の変化でした。

私の家は北関東の田舎町のはずれにありました。質素な平屋建てで、結核を患っていた父は一番奥の四畳半の部屋に寝ていました。戦争が終わった翌年の夏、私は小学校四年、十歳でした。各部屋の障子を開け放って、田んぼからの涼風が吹き抜けるようにしてありました。既述のように、父が静かに息を引き取ったのは、昼前でした。夏休みに入っていたので、そのとき、私は一部屋隔てた居間にいました。父の傍で見守っていた母と姉の交わす言葉が聞こえてきて、父が亡くなったことがわかりました。

私は何か目に見えない大きな力で金縛りにされたのか、すぐには父のところに走り寄ることができず、畳に両手を突き、ただうなだれて涙を流していました。涙の滴がポトリ、ポトリと畳に落ちました。頭の中では何かがうごめいているのですが、言葉にはなりませんでした。そのうごめく何かが、次第に全身に染み渡っていく感じがしました。それが自分にとって、何をもたらすことになるのか、十歳の少年にわかるはずもありませんでした。もともと人生の転機というものは、その後、長い年月を経る中で、振り返ってみてはじめて確認できるものです。

少年文学の癒やし

小学校の五年から六年にかけて、様々な本を読みふけりましたが、特に『フランダースの犬』のような、孤独や疎外や心の中にある大切なものへの希求といったものが語られる物語を繰り返し読んでは涙しました。そんな自分に気づいて、こんな泣き虫でいいのかと思いましたが、涙もろくなったことの意味までは考えませんでした。

そういう本を読みふけったのは、父亡き後、まだまだ甘えたい少年期の気持ちを抑えて、むしろ悲しみに耐えて取り乱すこともなく日常を生きている母への思いやりから、手内職を手伝ったりしていた自分の心を解放する時間だったのだと思います。でも、そのことに気づいたのは、五十歳を過ぎて、思春期の息子が心の病気になったことから、人間の心の屈折した蠢《うごめ》きについて学ぶようになってからでした。

後年になって気づいたのは、それだけではありませんでした。物語の主人公に感情を同一化させて涙した時間の積み重ねは、やがて高校から大学にかけての青年期になると、私の目を、不条理な戦争や事故や病気によっていのちを奪われた人々の無念や、遺された人々の悲しみに向けさせ、さらに職業の選択にあたっては、ジャーナリストの道を歩ませることにまでつながっていったのですが、熟年期を過ぎる頃になってやっと、そういう心の遍歴を、《そうだったのか》と、自覚できるようになったのです。

そうした私の心の遍歴は、この絵本『なみだ』において辿られる涙の意味の変化に対応していると、感じました。この絵本では、愛する子を亡くした親の流す涙は、はじめは引き裂かれた心の傷から沁みてくるがゆえに、痛く、暗く、悲しい。しかし、やがて涙の滴は純化され透明感を増すとともに、四季折々の花や木の葉の色の変化を美しく映し出すようになっていく。たとえ悲しみはいつまでも消えることなく、折にふれては涙が流れても、それは、亡き子がいつも傍にいて、親の心を成熟させていく証となっている。細谷先生の絵本をずっと二人三脚で作ってきた永井泰子さんの淡い水彩の絵は、ティアー・ドロップ（涙の滴）の形の中に魂の世界を映し出して煌めいています。

その煌めきに、私の思いは膨らむ。悲しみは人の心に他者への慈愛の彩りを添え、内面を豊かに耕してくれる。だから、悲しみの体験は真《まこと》の人生の始まりなのだ、と。そう、涙は新しい自分に生まれ変わる道しるべなのです。

（4）闘病記は死を生きるためのガイドブック

重要なのは最後の日々をどう生きるか

ここ三十年ほどで日本人の死生観は大きく変わりました。医学の進歩と高齢化が背景にあります。

死因の一位であるがんにしても、ただ延命治療するだけではなく、痛みや苦しみを取り除く緩和ケアが治療の選択肢に入るようになりました。生と死の選択について、個々人の意思が問われる時代になったのです。

「死生観」を考えるには、三つのフェーズに分けるのがよいでしょう。どのように死を迎えたいか、死を目前にしてどのように生きるか、そして死後に何を遺すのか。これらを三つに分けて考える必要があります。

終末期に納得できる医療を受けるには、日頃から地域の医療状況について把握しておく必要があります。自分のまちの病院やホスピスの事情、在宅で緩和ケアを施してくれる医師がいるのか。事前に準備をしておけば、病気が進行してきたときに、どういうかたちで最後の日々を過ごすかスムーズに選択できるわけです。

ただし納得できる死を「創る」には、痛みや苦しみを取り除くという医学的な対応だけでは不十分です。

最も重要なのは、死が避けられなくなったときにどう生きるか。心おきなく最期を迎えるために残された時間で何をしたいのか。これに関しては誰かが答えを出してくれるわけではない。自分で考えるしかありません。

どんな人であれ、山あり谷ありの物語を生きている。振り返るといくつものエピソードがあって、それぞれが人生の一章一章を構成しています。死の直前というのはその最終章です。物語をどう完成させるか。未完で終わらせないで、その人らしくどう生きるか。自分の死は自分で創らなければならないのです。

医療者も、患者が本当に納得感のある死を迎えるにはどうすればいいか、という意識を持たなければなりません。患者の人生観や死生観や当面のニーズをくみ取り、どうサポートできるか考えることが真の役割なのです。家族も同じです。医療者や家族が伴走者となって心身両面のサポートをしてくれると、患者の最期は大きく変わります。

ある鉄工所の親父さんの話が象徴的です。大学病院で肺がんの治療をしていたのですが、がんが骨転移し苦しんでいた。緩和ケアが十分でなかったために、家族が見舞っても当たり散らすような状態でした。

本人の希望は「家族に囲まれて家で死にたい」というものでした。退院して、自宅で微量のモルヒネを服用すると、痛みがころっと取れた。家族が一体となり親父さんを支えました。お孫さんに「おじいちゃん頑張れ」と背中をさすってもらい、本人は「地獄から天国へ帰ってきた」と喜んだそうです。「俺は幸せだ、俺は幸せだ」と毎日言い続け、それが最期の言葉になりました。

私自身も〝最終章〟を考えています。残り少なくなったらなるべく家にいて、平凡な日常生活を送りたい。台所で朝食を用意したり、夕食に何か一品を作ったりというのが好きだから、そうしたことをマイペースにやっていきたいですね。

それから、趣味で撮ってきた雲の写真を整理して、写真集と絵本を作りたい。少年時代には気象台の測候技師になりたかったほど、人生を通じて雲に魅せられてきましたから。

父の死が教えてくれた人間らしい旅立ち

現代は死をイメージしにくい時代です。戦争がないということが大きい。病気であっても、家での看取りが圧倒的に少ない。死は遠い存在になってしまいました。

私の場合は、何度も語ってきたように、少年時代に次兄や父が自宅で亡くなっているので、体に染み付いた死と看取りの経験というのがあるんですね。

終戦直後の昭和二十一年（一九四六年）のことです。僕は六人兄弟の末っ子で、小学三年生でした。既述のように、二月の静かな朝、肺結核のため自宅で療養していた上から二番目の十九歳の兄が旅立ちました。

同じ年の夏に、やはり結核で父が亡くなりました。父は意識が薄れる前に家族を呼んで、一人ひとりの手を握って言葉をかけてくれました。私には「健康第一だからな、体を大事にしろよ」といってくれました。家族を集めたのが朝の九時頃で、二時間余り経ってお昼前に眠るように逝きました。私はその瞬間、離れた部屋で独り涙を流していましたが、母に呼ばれて父の枕許に行き、母に教えられたとおりに、死に水をとりました。

父からもらった最高の財産は〝静かな死〟だと思っています。父の死の場面は、いまだに忘れようもなく、私の記憶に染み付いています。一番人間らしい、自然な旅立ちだという気がするんですね。

私の死生観に関してはもう一つ、七〇年代の終わり頃から、ノンフィクション作家として、がん医学を中心とした生と死の問題を追いかけてきたことも大きいですね。これまで数百人くらいの闘病記を読んできました。闘病記を通じて知った数百人の死の積み上げで、死ぬ瞬間の多様なイメージができてきたのです。

だから、死がイメージできない人には、闘病記を読むことを勧めます。よい闘病記を読むことは、死を迎えるためのいわば問題集をこなすのと同じこと。自分の死というのは、人生における最後の入学試験だと思えばいい。少なくとも四十歳を過ぎたら、人間の生き方と死に方について学んでおくべきでしょう。

死生観には方程式のようなものはありません。自分が体験したり本を読んで積み重ねたりした、ストーリー性のあるものでないと自分なりの〝死の戦略〟を立てられないのです。死んだ後、いったい自分はどこへ行くのか。死への不安や恐怖の原因になるのがこの問題です。

私は死後の世界というのをはっきりと認識しています。あの世があるのかないのか、ということを問うても答えはない。しかし本書ではじめから論じてきたように、人間の〝精神性のいのち〟という視点で考えれば、答えは意外と簡単に出てきます。

私のケースで考えてみると、父親は生きているわけですよ。父を看取った思い出がすべて、私の心の中で鮮やかな情景となって残っている。

実家を離れ独立していれば、親が生きていても、年に数えるほどしか会う機会はありません。生きている親を敬って心の中で生かしているような人は、むしろ少ないでしょう。しかし不思議なことに、死ぬと〝精神性のいのち〟が残るのです。何かあれば、親の生き方や言葉が甦ってきて、人生の道しるべになってくれる。

つまり人間の〝精神性のいのち〟は死後も成長し続けるのです。そう考えると、本当に納得できる最後の日々を送らなければならないし、最後の日々をよりよく生きることが〝死後の未来〟つまり「死後生」につながるのだという希望さえ湧いてきます。

私は孤独な死を迎えることになっても、耐えられると思っています。自分が最後をどう生きるかということを考えたとき、愛する人がいることは最高ですが、仮に先立たれて独りになっても、忘れ難い日々や言葉を回想し嚙みしめつつ、自分の内面と生き方を絶えず見つめていくなら、人生をきちんと全うできる。私はそれくらい腹の据わった精神性を持ちながら、最期の日々を送りたいと思っています。

(5)「二人称・三人称融合の視点」のカメラアイ

あの悲劇の大川小学校の校庭にあった、コンクリートで円形に座れるように作られたミニ野外劇場を思わせる場。今はただ、津波で砕かれたコンクリートの一部が残るだけ。幼《おさな》子《ご》たちはどんな楽しいひとときを過ごしたのだろうか。その一角に、誰が立てたのか、一メートルと三メートルほどの竿が一本ずつ二本、泥土に佇立して、小さな鯉のぼり三匹ずつを風に泳がせている。その少し離れた水溜りの横で、十人ほどの父母たちが、腰をかがめて、何か仕分け作業のようなことをしている。

洗骨――だ。

写真家・橋本照嵩氏による3・11大震災写真集『石巻』（春風社）に、私は新聞社の災害報道写真集とは違う気配を強く感じつつ、頁をめくっている。

大震災から三か月が過ぎ、いまだ行方がわからない児童たちや住民たちは、津波が去った後の泥の中で、白骨化していた。生き残った住民たちが、二か月経った五月の陽光の下、積み上げられた土砂の山や大地の泥の中を小さなハンドシャベルで慎重に掘り返して、人骨を探している。そのすぐ向こうには、巨大なダンプカーが停車している。何ともちぐはぐな情景が見開きいっぱいの視界の中に捉えられている。そのちぐはぐさこそ、苛酷な現実そのものだ。

頁をめくると、行方不明児の母親や父親だろうか。マスクをし、白い軍手をはめた手にハンドシャベルを持って、その先端で土砂の山を少しずつ少しずつ崩すようにして、探している。瞬《まばた》きもしないような、ひたすらシャベルの先端を見つめる目。どんな思いが、その真剣な表情、深刻な表情の奥で駆けめぐっているのか。

そして、すぐ横のもう一枚の写真は、近くの北上川の川辺であろう、女性一人が水洗いをして泥を落とした骨片の数々を、ゴム手袋をした両手でつかみ、もう一人の女性が金網の水濾し笊を差し出して受け止めている。

何とも凄い瞬間瞬間だ。

3・11東日本大震災では、巨大な津波被害の状況を捉えた数々の写真をはじめ、かつてなかったほど厖大な映像記録が、メディアや防災機関や一般住民などによって残された。

写真集もたくさん出版された。そんな中で、一人の写真家が被災地に駆けつけて記録した写真集に、どのような意味があるのだろうか。

写真家・橋本照嵩氏は、五十年前に刊行した写真集『瞽女』で日本写真協会新人賞を受賞して以来、着実に仕事を積み重ねてきたが、今回、大震災の被災地の中で、石巻に焦点を合わせたのは、そこが自分の生まれ育った故郷だからだ。橋本氏がレンズを通して被災地と被災者を捉える時、その眼は通常のカメラルポルタージュのように「三人称の眼」ではなく、街も人も密接に自分とつながった「二人称の眼」にならざるを得なかったであろう。

対象を見る眼の人称性は、対象への思いや心のつながりという点で、重要な違いを生じさせる。それはいのちの人称性に由来する。例えば、誰かが事故か病気で死ぬ時、死をどう受け止め、死とどう向き合うか。死にゆく本人が生死を見る眼は、「一人称の視点」。それを傍《かたわら》で見る家族や親友の眼は、「二人称の視点」。これに対し、医療者や友人・知人や取材者の場合は、「三人称の視点」だ。

災害を取材する記者や写真家は、通常は客観的な立場に立つ「三人称の視点」から対象を見つめることになるが、橋本氏の石巻を見る眼は、否応なしに「二人称の視点」にならざるを得なかったであろう。震災から十六日目に石巻に入った橋本氏は本書のはじめの文の中で、こう書いている。

〈なんだこれは！　なんとも酷い！〉

〈腐乱した魚の臭いが強烈な川口町や湊地区では、炊き出しの数箇所に人が集まっていた。（中略）日常を取り戻そうとするふるさとの営みを、身近なところから写真に収めたい。〉

しかし、橋本氏は何十年も様々な写真を撮り続けてきたプロの写真家だ。単なる家族同士の思い出のホームビデオを撮るのとは違う視点の置き方、シャッターの切り方がにじみ出てくるのは必然であろう。とはいえ乾いた「三人称の視点」とは違う。慟哭する「二人称の視点」が濃密にこびりつく。

その二つの視点がせめぎ合い溶け合う中で生み出されたのが、この写真集であり、そこにこの数々の写真の意味があると言えよう。

大川小学校の親たちによる洗骨のシーンは、まさにその象徴だ。

四月下旬になっての湊第一、第二小学校の合同始業式を亡き妻にも見せようとして小さな遺影を両手に持って参列した若い父親の、懸命に涙を抑えている立ち姿。一周忌、花束を抱えた幼い女の子の悲しみを湛えた瞳。そう、子どもは言語化できなくても、人生で大事なことは何かを感知しているのだ。子どもたち、親たち、漁師たち、牡蠣工場の女たち、高齢者たち——そうした人々の表情が、心底から寄り添う「二人称・三人称融合の視点」から、悲しみと再生の〝時の刻み〟として捉えられている。深く静かな口調の写真集だ。

7章

「傾聴」の進化、祈りへ

「死の臨床」のはじまり

ノンフィクションのジャンルで何らかの作品を書く仕事をしている作家にとって、事件あるいは問題の現場に立って、状況を全身で感じ、当事者・関係者の話をじっくりと聴くことは、まず一番に大切な取材のスタイルである。しかし、人の話を聴くということは、決して容易なことではない。

特に私の場合、三十代も半ばを過ぎてから、次々に発生する事件や災害などを追いかけてニュース記事を流すメディアの記者の仕事とは違って、現代社会における「いのちの危機」や「『生と死』の受け止め方」といった問題について、じっくりと取材をしてドキュメンタリーな作品を書くのをライフワークにしようと考えていたので、マイペースで仕事をできる条件を整えなければならない。

私が当時、長期にわたって取り組もうと考えたテーマの一つは、日本人の死因の中で急激に増加し始めていたがんの問題だった。一九七〇年代の半ばだった。戦後長いこと国民病的な位置づけをされていた結核に代わって、がんの死亡者数が数年以内に一位になるのは、避けられないと見られていた。がんはいまだ「死の病」と言われていて、本人への病名告知は医師側の判断で抑えられるのが一般的だった。そんななかで、がん患者は背負ってしまった病いをどう受け止め、どう生きるか。病苦のなかで直観的に感じる近づく死とどう向き合うのか。

たまたま七〇年代は、医療界の一角で、死が避けられなくなったがん患者に対するケアの重要性に気づき、個別に取り組む医師や看護師が見られるようになった時期だった。その一人に神戸市の開業外科医・河野《かわの》博臣《ひろおみ》先生がいた。河野医師は、二歳の二女を路面電車にはねられて死なせてしまった衝撃からうつ病に陥り、「メスで切る」ことで治療は完結するという自分の考えは誤っていたと気づき、臨床心理の専門家のカウンセリングを受け、その経験を生かして、自宅に入院病室を設けてがん末期の患者の終末期医療に取り組んでいた。

その経験から学んだことの報告を、一九七三年に看護学雑誌に一年間連載し、翌七四年に『死の臨床　死にゆく人々への援助』（医学書院）のタイトルで単行本化した。「死の臨床」という用語は、河野医師の創作で、三年後に河野医師や淀川キリスト教病院の柏木哲夫医師など先駆的な医師・看護師らによって発足した日本死の臨床研究会という学会のネーミングに使われたことから、日本の医学・医療界の重要な用語となった。

その後しばらくして、私は河野医師の自宅兼医院を訪ねて語り合うなど親交を得ることができ、著書の『死の臨床』や『生と死の心理　ユング心理学と心身症』（創元社、一九七七年）を読んでほしいとプレゼントされた。二冊とも、河野医師の幼いわが子を亡くした喪失体験と、自らの心の病いの治療体験から再出発した死の臨床の取り組みをベースにしているだけに、惻々《そくそく》と心に伝わってくるものがあり、がん患者の「生と死」を学び始めた私にとっては、記憶に深く刻み込まれた読書体験となった。

黙って背中をさすり続けて

河野医師の著書『生と死の心理』の「死にゆく患者へのアプローチ――心理療法の原点」という章に、「死の臨床における援助と交流――ある看護学生の行為から学ぶもの」という小見出しのつけられた、私にとって忘れられないエピソードが記されていた。

看護学生は二十歳にも満たない若さで、死に直面して苦しむ患者に接した経験をしたことがなかった。河野医院に見習いの実習に来たのだ。そして、胃がんの再発で苦しむおばあさんの看護にあたることになった。はじめて病室に入ると、おばあさんは、（腹膜にまでがんが広がったのか）大きくなったおなかを抱え背を丸めて苦しんでいる。学生はベッドの横で何をしてよいかわからず立ちすくんだ。「逃げ出したい気持ちになっていただろう」と、河野医師は書いている。しかし、学生はしばらくすると、黙って背中をさすり始めた。

こうして、学生が背中をさすり、おなかをさすってあげるうちに、おばあさんの心のなかに、学生に対する信頼感と自らの心の落ち着きが生まれたのだろう。それまで医師にも看護師にも、あまり話さなかったおばあさんが、二日、三日と経つうちに学生にだけは親しそうな表情で身の上話などをするようになったのだ。自分が結婚して妊娠し、おなかがだんだん大きくなったことや夫は五年前に亡くなったこと、長男は外国から帰らず、自分は一人ぼっちなことなど、を。人生経験の少ない学生はただ耳を傾け、時々「そうですね」「それはよかったですね」とうなずくだけだった。看護の知識も経験も未熟だったけれど、やさしい心でひたむきに寄り添い耳を傾けたことで、おばあさんの心が解放されたのであろう。

おばあさんは、「痛い、痛い」と訴えることが少なくなり、それどころか、おなかの大きくなっていく腫瘍を、はじめて妊娠したときの胎児のように思うようになり、「少し動いたよ」などと、胎動をはじめて知ったときの母親の喜びに似たような心理変化を見せるまでになった。「このようにして、おばあさんにとって、異物である癌腫瘍は愛すべき胎児へと変容していった（中略）おばあさんはおだやかに死んでいったのである」と、河野医師は記す。

河野医師は、そのエピソードを叙述していく途中に、所感（コメント）を挿入している。

〈本当の苦しみの中にある人、本当に深い悲しみの中にある人に、慰める言葉は殆んどない〉

〈専門家であっても、（中略）「こうしたらいいのと違いますか」「そんなこと心配ないですよ」と自分でも無意識に患者に安易に言っているのが、実は自分に向かって言っているような場合がある。患者の言葉を聴くということは、その内容を本当に理解し、共鳴し、その話をする人の心の中に入っていくということでなければならないと思う。自分の価値観で患者の言葉を批判したり、計測したりすれば、それは話を聴いていることにはならないのである。患者はそれを鋭敏にキャッチし心を閉じてしまう結果になる〉――と。

これは七〇年代後半の出来事だった。

「はようお迎えが来ますよう」

「傾聴」がもたらす患者の心の一八〇度転換と言えるような変容については、病いを背負って人生の最終章を迎えた人の「生と死」の姿を見つめる取材を続けることによって、その後も様々なかたちの変容に出会い、私自身の死生観を膨らませることができた。

もう一例、山陰地方のまち鳥取市でのエピソードを記しておきたい。鳥取市内にユニークなホスピス「野の花診療所」を営む徳永進医師が鳥取赤十字病院に勤務していた九〇年代はじめ頃のこと。印象深い患者五十人余の回想記をまとめた『やさしさ病棟』（新潮社、一九九八年、新潮文庫版では『ホスピス通りの四季』に改題）に一章を割いて八十九歳のキクさんの自らの死との向き合い方を記している。

キクさんは進行胃がんで入院したものの、手術を拒否して自宅に戻った。徳永医師は在宅ケアのために往診に出かけた日のことを書いている。

キクさんは身内の人たちに気兼ねしていることなどを縷々《るる》話すうちに、突然「先生、あとどれくらい生きるでしょう」と問いかける。医師が一番困る場面だ。徳永医師はやわらかく場面を切りかえるために、「楽しい思い出はありませんか」と問いかける。するとキクさんは、戦後間もない頃、浜で漁師の手伝いをしたり畑で麦刈りやイモ掘り、野菜の収穫をしていたりした日々の思い出を、情景が目に浮かぶように生き生きと語り出し、表情もやわらかくなっていった。

〈ちょっと走ったら海でしょ。ザブザブって膝まで入って、海のものは何でも食べられました。ワカメ、岩についたノリ、サザエ、イガイ。（中略）そう、海ソーメン、茶色

で、あれを包丁で切って酢ミソで食べると、勝手に喉をスルスル入って、ほんとにおいしかった〉

徳永医師は、キクさんの語りの間に、自分の立ち位置を、こう記す。「キクさんは勝手に、タイムトンネルをくぐって行く。ぼくは、波の音といっしょに、キクさんの世界を聞いている」と。私は《うまいなあ》と感服する。文章がうまいだけでない。死を前にした人間の前では、医学の鎧《よろい》など脱ぎ捨てて、自然体で一緒にタイムトンネルをくぐり、患者の生きた時代の波の音に耳をすます。その阿吽《あうん》の呼吸のなかでキクさんは、自分が生きた時代、生きた日々に全身をひたらせることができる。その阿吽の呼吸づくりがうまいのだ。

〈村の者は気心知れた者でしょ。つぎを当てた服着とっても恥かしいことないですしなあ。あのころの生活が、何の気兼ねものうて、一番でしたなあ〉

キクさんは窓の向こうを見つめて、続けるのだ。

〈こうして寝とるでしょ。毎日、あのころのことを思い出しとるです。おいしいワカメやノリに海ソーメン、毎日思い出しとるです〉

キクさんの心に突然、変容が生じるのは、次の瞬間だった。徳永医師の文をそのまま紹介しよう。

「あと、どれくらいでしょう、先生」

ぼくは急に現実に戻された。「えーと」と言ってから、ぼくは答えを探す。

「梅のころかもしれませんし、桜のころかもしれませんね」

「そうですか、そんなに持ちますか、桜が見えますか」

キクさんの顔に無表情が戻ってくる。

ぼくは聴診器を白衣のポケットにしまって立ち上がる。

「うれしかったです。なつかしい話を聞いてもらいました。はようお迎えが来ますよう、頼みます。待っとります」

たましいの問いかけにこそ

おそらく徳永医師がキクさんとこうした魂の会話をした時期とほぼ同じ頃だったと思う。かねて何度か対談させて頂いた河合隼雄先生の著書『心理療法序説』（岩波書店、一九九二年）が出版されてすぐに読み、強く興味をひかれた事例に出会った。それは対応の困難なクライエントが、状態がよくなってから訪ねてきて語ったお礼の言葉の意味をどう受け止めるかという問題のからむ事例だった。

その人が話すには、最初の面接が非常に印象的で、「先生は私の顔にも服装にも全然注意を払っておられなかった」と言うのだ。河合先生が「それでは、いったい（私は）何に注目していた（と見えた）のですか」と尋ねると、その人はこう言ったという。

「私（クライエント）の話していることではなく、私の一番深いところ、まあ言ってみれば、たましいとでもいうようなところだけを見ておられました」

この人の言葉に対する河合先生のコメントは、こうだ。

「この方の言いたかったことは、他の人なら関心を示し、とらわれるようなことに治療者が全然とらわれずにいたということを表現したかったのであろう。（中略）クライエントは治療者の関心がどこに向いているかを、いち早く感づいてしまうものなのである。治療者は、クライエントが語る、時には波瀾万丈とも言えるような個々の「事件」に注目するのではなく、そのような事件にまきこまれざるを得ないようなことまでして、その背後にあるたましいは、何を問いかけようとしているのか、それに耳を傾けようとするのである」

カウンセリングにおける傾聴の最も深い意味とねらいを語っていると言えるだろう。

作家として取材を進めるための「聴く」ときの心構えについての様々な学びの歩みを振り返ると、この時すでに二十年以上の歳月が流れていた。ここに紹介した三つの事例は、私の学びの里程標になったものである。だが、それで卒業ではなかった。一九九九年に出版された鷲田清一先生の『「聴く」ことの力――臨床哲学試論』（ＴＢＳブリタニカ刊、その後ちくま学芸文庫に）との出会いにより、もう一つ新しい境地が開けたのである。

「聴くことの力」の根源

鷲田先生の「聴く」ことをめぐる考察・議論は、宮本武蔵が多勢の敵を斬りまくるように鮮やかなのだが、ここでは私が既述の三人から学んだ傾聴に関する言説との重複を避けて、私に新たな啓示的な気づきをもたらした論述を引用させて頂く。

〈ことばは、聴くひとの「祈り」そのものであるような耳を俟ってはじめて、ぽろりとこぼれ落ちるように生まれるのである。苦しみがそれをとおして現われ出てくるような《聴くことの力》、それは、聴くもののことばそのものというより、ことばの身ぶりのなかに、声のなかに、祈るような沈黙のなかに、おそらくはあるのだろう。その意味で、苦しみの「語り」というのは語るひとの行為であるとともに聴くひとの行為でもあるのだ〉

原爆被爆者や、日航機墜落事故あるいはＪＲ福知山線脱線転覆事故の遺族や、３・11東日本大震災の遺族など、苛酷な体験をした人々から話を聴くときに、しばしば私の脳裏をよぎる思い、聴くことや記録することで語り手のレジリエンス（生きなおす力）に少しでも役立ってほしいという祈りに近い思いが、鷲田先生の文章から甦るとともに、これからはインタビューは心からの祈りをこめて行わなければならないという意識を強くしたほどの影響を受けたことから、右記の文章に絞って引用させて頂いたのだ。

鷲田先生は、『「聴く」ことの力』のなかでも言及しているように、日本の哲学者たちの多くが、古来の哲学を学び、その枠組みのなかで延々と議論を重ねていくような論文を書くことに偏っていることに疑問を感じ、「哲学はこれまでしゃべりすぎてきた」とまで書いている。現代の世界と人間に現実に生じている問題と向き合い、そこに哲学的考察を加えていくべきだという考えを自らの基本軸にしている。だから『「聴く」ことの力』のなかでも、医療現場などで見られる様々な問題やエピソードを具体的にしっかりと捉えて、それをベースに哲学的考察を展開している。

私が医療の現場で専門家と親交を深めるなかで出会った三つのエピソードをやや丁寧に紹介したのは、鷲田先生がここに引用したような哲学的な考察を導き出すベースにしたであろう、今の時代に見られる「現実に起きていること」を、いわば代役的に示すためであって、私自身の経験を別枠で列挙したわけではない。現代の切実な問題に関する思想は、様々な現実での様々な人々による、直接の交流や議論はなくても、結果的には「共同思索」というべきかたちで、発展することが少なくないという認識がその背景にある。

現代は、人間の生涯の大事なステージにおけるコミュニケーションや「聴く」という営みをめぐって、新たな研究と実践がダイナミックに進められている時代になっている。

非言語伝達の「観る」気遣い

人生の最終章における「傾聴」の重要性と可能性は、具体的な事例が示しているとおりだが、ことばによる表現を中心とする「傾聴」には、限界もある。病気の進行で発語が困難になった人や聴覚障害者の場合は特にそうだ。

もともと人間の対話においては、言語による伝達の果たす割合はわずか二〇パーセント程度に過ぎないという研究報告がある。これに対し、声のトーン、間、表情、身振り、沈黙など、非言語的な表現（ノンバーバル・コミュニケーション）による伝達の果たす役割は八〇パーセントを占めているという。

終末期医療の専門誌『緩和ケア』二〇二二年十一月号で「対話　傾聴を超えて」という特集を組み、そのなかで医療・現象学を専門とする佐藤泰子氏は、「High-context culture

における「察する」とは何か」というタイトルの提言的論文を寄稿している。佐藤氏は、病気の進行や障害によって傾聴者に対して語れなくなった患者に対しては、医療者や家族などが、逆に患者の心に響くような語りをして聴いてもらう「逆傾聴」に取り組むことを提案している。

さらに「傾聴」においても、「言葉を「聴く」」だけではなく、非言語伝達への「観る」気遣いが必要である。相手の様子を温かいまなざしで「観る」時、身体的共振の間《あわい》に非言語的伝達が拡がり、思いを「察する」ことによって対話は拓かれていく」と、自らの取り組み方の膨らみを述べている。

一方、乳幼児の人間形成・人格形成の分野では、かねて重視されてきた「間主観性」を生かした育児の取り組みが、研究においても実践においても盛んになっている。間主観性とは、言語を介さずに相手の意図を見抜き、瞬時に反応する原始的対人能力のこと。

渡辺久子医師によると、生まれたての赤ちゃんは、目の前で口を開けたり一本指をさしだす人を見つめて、同じしぐさを返してくる。乳児の間主観性の存在を知り安心した母親は、自然にわが子をかわいがり、子どもが反応するという。

日本乳幼児医学・心理学会の二〇二二年の大会のシンポジウムでは、親子による楽器遊びによって、赤ちゃんの間主観性がはっきりと見られて、親子の愛着関係が密になった事例などが報告された。

また、日本乳幼児精神保健学会の昨年の大会では、ニューヨークのクリニックから、赤ちゃんの身体言語表現を母親が正しく読み取れるように指導する状況を、リアルタイムのテレビ中継で学ぶプログラムが組まれ、学会員に感銘を与えた。

このように人生の様々なステージにおける、人間の秘められたコミュニケーション能力を引き出す研究と実践は、進化の途上にある。しかし、一方ではパソコンやスマホによるデジタル・コミュニケーションが支配的になっているなかでは、重大なリスクが生じている。佐藤氏が前掲論文のなかで、

〈患者を見ずに電子カルテにくぎ付けの医師にも患者の声は音として「聞こえてくる」が、患者の不安な思いや感情はカルテ記載情報の欄外に置き去りにされる〉

と記している問題は、氷山の一角に過ぎないと言えるだろう。そこに潜む時代の課題を、鷲田先生が今後どのように解いてくださるのか、私は期待してやまない。

8章

「犠牲」——わが息子・洋二郎の「死後生」

タルコフスキーの呪縛

あれからはや二十年が経とうとしている。

あの時、息子、洋二郎は二十五歳だった。

心を病んでいた彼は、自ら命を絶とうとして脳死状態になり、救急救命センターで十一日間を過ごしたが、医師たちによる蘇生の努力も空しく、天に翔けてしまった。私は深い喪失感と挫折感の中で、必死になって彼がこの世で生きた証を求め、二年をかけて追悼記『犠牲《サクリファイス》 わが息子・脳死の11日』（文藝春秋）を書いた。

そのタイトルの『犠牲《サクリファイス》』という言葉は、追悼の文章を書き進めるうちに、自然にこみあげてきたものだった。彼が誰かのために、あるいは誰かによって、犠牲になったということを考えたわけではない。彼が死ぬ前に、何度となくビデオで観て、心酔していた映画のタイトルが『サクリファイス』だった。彼はこの映画を何度も観て、生きる支えを見出していたようだった。一九八〇年代に社会主義国家だった当時のソ連からイタリアに亡命し、その後フランスで活動した映画作家タルコフスキーの代表作だ。タルコフスキーは、自らシナリオを書き、監督を務める文字通りの映画作家だった。その作品は『サクリファイス』にしても『惑星ソラリス』にしても、哲学的で難解だが、わかりにくさを超えて、観る者を不思議な力で魅惑して、作品世界に引き摺りこみ、どう理解すべきか困惑させ、葛藤を長引かせる。世界が核の危機に被われた現代におけるドストエフスキーの変容とでも言おうか。

映画『サクリファイス』が制作される直前の一九八〇年代前半、ソ連は強権主義的、国家主義的なブレジネフ体制下にあった。一方、アメリカは「強いアメリカ」の復活を叫ぶレーガン大統領の時代だった。かつて「雪解け」と言われた米ソ関係は、再び冬の時代に戻り、ヨーロッパでは核戦争の危機感が漲っていた。タルコフスキーは、そうした時代背景の中で、『サクリファイス』の制作に取り組んでいったのだ。

主人公のアレクサンデルは心を病み、核戦争の危機感の虜になっている。ある日、核戦争勃発をニュースで知ると、彼は神にすがるようにして祈る。持てるものをすべて捧げますから、世界を救ってください、と。郵便配達人の男から、神に魂を捧げる方法を教えられる。はるかバルト海の島にいる魔女を訪ね、性的な秘儀を受けるとよい、というのだ。彼は実行する。白夜の中、彼は魔女の抱擁を受けて空中に浮遊するという幻覚的な映像で、アレクサンデルの身も魂も擲《なげう》って世界を救済しようとする崇高な精神性を表現している。奇跡は起こり、世界は、平穏な日を取り戻す。

アレクサンデルは、神への約束として、「捧げ物」を差し出さなければならない。彼には妻や娘、そして、喉の手術を受けたばかりの声の出ない幼い息子がいる。家族にとってかけがえのない生活と人生の場であるわが家にアレクサンデルは火を放ち、炎上させる。神への「捧げ物」として。家族の連絡で、救急車がやってくる。アレクサンデルを乗せて精神病院に向けて走り去る救急車。残された荒寥たる地に植えられた一本の「枯れ木」に水やりをする少年が、はじめてやっと声を出してつぶやく。

「初めにことばありき、なぜなのパパ?」

背景にヴァイオリンのオブリガードによるむせぶようなメロディーが流れる。バッハの『マタイ受難曲』の中の第47曲の有名なアリア「憐れみ給え、わが神よ」のメロディーだ。

この少年の謎めいた水やりのシーンと言葉については、映画の冒頭に伏線が描かれている。父親であるアレクサンデルは、息子の誕生日に慣わしに従って「生命の樹」を植えるのだが、それは、枯れ木だった。そして、息子にギリシャ正教の伝説を話してやるのだ。修道僧パンヴェは山に枯れ木を植えて、弟子にその木が生き返るまで、毎日水をやるように命じる。弟子はその指示を守って、毎日バケツに水を満たして山に登り、枯木に水をやり続ける。一日も欠かすことなく水やりを続けること三年。ある日、弟子がいつものように水を満たしたバケツを持って山に登ると、枯れ木は命を取り戻し、枝々に花をいっぱい咲かせていたという。洋二郎のタルコフスキーへの傾斜ぶりは、ほとんど呪縛にかかったと言ってもよいほどだった。

見えざる「犠牲」に支えられる日常

この導入部の場面を受けて、エンディングのシーンがあるのだ。少年が父親の語り聞かせてくれた伝説を受け止めて、水やりを続けているのだということはわかる。人々の心の荒れすさんだ、この不毛の現代においてこそ、修道僧パンヴェの伝説（より正確には、弟子の一日も欠かさない忠実な水やりの継続）が重要な意味を持っていることも、わかる。しかし、最後に少年が、「初めにことばありき、なぜなのパパ？」とつぶやく言葉の意味。つまり一連の文脈の中で、なぜ少年が「初めにことばありき」というヨハネによる福音書の冒頭の文を持ち出したのか、なぜ「ことば」という問題を提起したのか、その理由を探し当てるのは、なかなか難しい。

私見を述べるなら、アレクサンデルは息子にヨハネによる福音書のこの冒頭の文に続く、次の文脈を教えようとしたのではなかろうか。

〈初めに言《ことば》があった。言は神と共にあった、言は神であった。（中略）言の内に命があっ

た。命は人間を照らす光であった。〉

パンヴェは真実の言葉で弟子に水やりを続けるように命じた。真実の言葉は命を宿し、命のエネルギーを相手に伝える。それゆえにパンヴェの言葉をしっかりと胸に刻んだ弟子の行為は、枯れ木に命を伝授し、枯れ木は甦った。このような解釈が可能なのではないかと私は思うのだ。

タルコフスキーは危機の時代の表現者として、映画という表現手段を広い意味で「言葉」という概念の中に含めていたのだろう。映画という「言葉」に秘められた命のエネルギーを発信することによって、人類に光をもたらす、すなわち命を甦らせようとした。そのメッセージを少年のつぶやきに託したのだと理解することができるのではないか。

では、タルコフスキーは『サクリファイス』という映画のタイトルの言葉に、いかなるメッセージを塗りこめていたのだろうか。

洋二郎は、この映画を収めたビデオに添えられた栞に載せられた小説家・辻邦生のエッセーに全幅の共感を抱き、次のように書き遺していた。

〈ぼくが、この映画を観て、自分の中で蟠《わだかま》り曖昧模糊としたものについては、辻邦生が、『サクリファイス』が語りかけるもの、として見事にいいあててくれた。

「ただ一つ重要なことは、私たちの平凡な一日一日が、アレクサンデルが贖《あがな》ったような

『犠牲』によって支えられている、と意識することだろう。それがどこの誰の手によるか、私たちには知ることができない。ただそう思うことによってのみ、私たちは、この世界を辛うじて人間に値するものにすることができるのではないか。タルコフスキーのこの遺作は、いまこのとき人に残されているのは、不毛なものを『希望』に変えつづける意志だ、と言っているようにも見える」

タルコフスキーは死ぬ前のインタビューで次のように語っている。

「自らをささげ、犠牲とすることのできない人間には、もはや何もたよるべきものがないのです。(私自身が犠牲をなしうるか?)それは答えにくい事です。誰にとっても同様、私にもできないことでしょうけれども、そうなれるようにしたいと思います。それを実現できずに死を迎えるのは実に悲しい事でしょう」

あまりにも核心的な発言であり、ぼく自らが志すべき信念として見習うべきだろう(中略)願わくは「自己犠牲」の機会をまつ。〉

この文章を書いた頃、洋二郎は骨髄バンクにドナー登録をしていたが、それだけで〈「自己犠牲」の機会をまつ〉と考えたわけではなかろう。私は彼の死後(より正確には彼の生の炎がすーっと消えかかった時)、彼の肉体から腎臓を摘出して他者に提供することに父親として同意したが、その行為にしても彼が「自己犠牲」という意味づけをしたかどうかはわからない。ただ、彼が他者に命をプレゼントし、明日への光を提供したことだけは確かだ。

ある看護師の悲劇

タルコフスキーの「『犠牲』の思想」について、洋二郎は辻邦生の解釈に触れたことによって、激しく魂を揺さぶられるほどの共感を抱いたのだろう。私自身も辻邦生のコメントは、タルコフスキーの思想を見事に言いあてていると、当時も今も思っている。この映画と洋二郎の遺稿とは、私の胸につきささった弓矢だった。引き抜くと、出血多量で私が死んでしまう弓矢だった。その痛みは二十年近く経っても、消えることなく疼きつづけている。

そんな歳月が過ぎるうちに、「犠牲」という言葉が、私の思索の領域に新たな問いかけを携えて迫ってきたのは、3・11東日本大震災だった。

仙台市から南へ、海岸沿いに下ると、名取市、岩沼市、亘理《わたり》町と続く。いずれも大津波で九百数十人、百八十人以上、二百数十人と、多くの死者・行方不明者が出た地域だ。犠牲者の一人ひとりがそれぞれに固有の悲劇の物語を残したのだが、私は特に亘理町の阿武隈川河口近くに住む初老のAさん夫妻の家で起きたことにショックを受けた。Aさんの妻は難病ALSが進行し、全く動かない体で人工呼吸器をつけて寝たきりだった。地震が起こった時、訪問看護師の遊佐郁《かおる》さんは名取市の看護ステーションを出てAさん宅に向かう途中だった。経験したことのない激しい震動に恐怖を覚えたが、遊佐さんは地震がおさまると、Aさんの妻のことが気になり、そのまま町に向かった。地震後の津波襲来のおそれを考えると、自分の安全と全体状況確認のために、いったん看護ステーションに帰るべきだったのだろうが、寝たきりのAさんの妻が被災していないかどうかが心配でならなかったのだ。遊佐さんは、携帯電話でそのことを看護ステーションに伝えている。

Aさん宅に入ると、夫は留守だったが、夫人は無事だった。遊佐さんは、大津波警報が出ていることをカーラジオで知っていた。どうやって避難させることができるかと困惑しているところへ、Aさんが帰ってきた。Aさんが妻を背負い、それを遊佐さんが下から支えて、何とか二階に運び上げて少しでも高くと押入れの上の段に寝かせることができた。遊佐さんは医療品などを取りに、一階に降りようとした。その時だった。津波がどっと襲ってきて、遊佐さんを呑み込んだのだ。一階は破壊され、残る二階は小舟のように流された。二階に上り切っていたAさん夫妻は、翌日救出されたが、遊佐さんは一週間後に数百メートル離れたところで、遺体になって発見された。

遊佐さんは患者への思いやりの濃い看護師だった。それだけに看護ステーションの仲間たちや、連携する診療所の岡部健《たけし》医師らが受けた衝撃は大きかった。岡部医師は仙台近辺で、末期がんや難病の患者の在宅ケアに先駆的に取り組んできた人物で、私は研究会で何度かお会いしていた。かなり月日が経ってから、この悲劇を知った私は、電話で岡部医師にお悔やみを伝えると、岡部医師はこう話された。

「人間ギリギリになると、他者のために自分のいのちを差し出してしまうんですね。逃げないんです。震災のなかで、悪い話もいっぱいありますが、こういう人もいるんです。物凄く辛いことですが、人間の崇高な姿を見た思いがします」

人間の崇高な精神の前で

3・11大震災では、このような「犠牲」と言うべき悲劇的な出来事が何と多かったことか。

死者・行方不明者が千三百人以上に上った岩手県大槌町《おおつちちょう》では、懸命に住民の避難誘導にあたっていた消防団員十六人が津波の犠牲になった。消防団屯所で、仲間に「ポンプ車に乗れ」と言われても、「いいから行け！」と言って屋上に上がり、半鐘を鳴らし続けて津波に襲われた団歴二十年の男、寝たきりの人を運んでと頼まれ、ポンプ車から降りて家に入って行った五人、水門付近で逃げ遅れた人を避難させようとしていた一人、水門を閉め住民の避難誘導にあたっていた三人など、犠牲になった消防団員たちの頭の中を駆けめぐっていたのが、住民の命を懸命に守ろうとする献身的な思いだったことは確かだ。消防団員は自治体の職員ではない。日常においてはそれぞれの仕事に携わり、非常時に地域の自衛のために消火や防災の任務に就くのだ。それでも、その職務を全うしようとする意識は高い。

八百人以上の死者・行方不明者を出した宮城県南三陸町では、地震発生後直ちに防災担当職員ら三十人が、町の中央部にある三階建ての防災対策庁舎に集まった。若い女性職員が防災無線放送で繰り返し、繰り返し、町民に避難を呼びかけ続けた。そこへ襲いかかった津波は予想をはるかに超える巨大なものだった。職員らは必死で屋上に駆け上がったが、津波は屋上まで呑み込んだ。生き残ったのは、無線用鉄塔などにしがみついたわずか十人だった。最後まで避難を呼びかけていた女性職員を含む約二十人が犠牲になった。

東京電力福島第一原発の事故で放射性物質による汚染度が高くなった福島県南相馬市の中心部で開業している原町中央産婦人科医院の高橋亨《きょうへい》平院長は、市内では閉鎖する医療機関が多い中で、自らがんの闘病中であったにもかかわらず、三日後には診療を再開した。

放射線被曝をおそれながらも市内に残っている妊婦や出産直後の母子、幼い児童などをケアしなければならないと、踏みとどまったのだ。

防災機関の職員や医療従事者などは、地域にいる人々の命を守ることを使命としている。その使命感は強い。非常災害時や広域火災、大規模事故など、一刻を争って人を助けなければならない緊迫した状況になると、自らの危険を顧みないで、他者のために身を投げ出してしまう。

3・11大震災では、そうした崇高な行為が、各地でいろいろな形で見られたのだ。それら数多の行為の多くは、報道されることもなく、ひっそりと当事者間で語られるだけだ。

まさに辻邦生が書いていた次のようなことが、この国の空の下で無数に行われていたのだ。

〈重要なことは、私たちの平凡な一日一日が、アレクサンデルが贖ったような『犠牲』によって支えられている、と意識することだろう。それがどこの誰の手によるか、私たちには知ることができない。〉

私は、そうした行為をいたずらに美化するつもりはない。

生命倫理に照らして言うなら、「津波てんでんこ」という慣わしにあるように、まずは、自分の命を守ることが大切であることは言うまでもない。それは、防災機関の職員たち、消防団員たち、医療機関当事者たち、福祉施設の職員たち、保育・教育に携わる人たちすべてに共通する事柄だ。そうした社会的信頼を担った人達一人ひとりの命の尊厳もまた、他者と同じように守られなければならないはずだ。

だが、現実に救助の手を差しのべなければならない人が目の前にいた時、どう決断するか、それは難しい課題だ。訪問看護師の遊佐さんに、たとえAさんの安否が気遣われても、あなたはわが身の安全を守り、よりよく職務をなし遂げるために、まずは看護ステーションに戻るのが妥当な選択なのですと言うのは簡単だ。患者の命を守らなければという思いが強ければ強いほど、患者のところに駆けつけずに看護ステーションに戻った後の罪責感は強烈なものとなり、生涯引きずることになるかもしれない。

これから防災関係者、医療・福祉従事者らが自身の命を守るための倫理原則をどのようにすべきか、私は研究課題にしていくつもりだが、だからと言って、現実に起きた数々の崇高な行為について、敬虔な眼差しを向けることを放棄するつもりはない。再度、辻邦生の右に掲げた文章に続く言葉を借りるなら、

〈ただそう思うことによってのみ、私たちは、この世界を辛うじて人間に値するものにすることができるのではないか。〉

と思うからだ。

（二〇一一年九月記）

9章

「死後生」の証――亡き人との15人の日常会話

千葉市内に事務局を置いている「ちばグリーフサポート」というグループがあり、大切な家族の誰かを亡くした人たちが、毎月任意参加で集まり、喪失の悲しみを語り合っている。孤独になって暗い気持ちで閉じこもるのでなく、悲嘆に暮れるありのままの思いや感情を語り合うことで鬱屈する感情を少しでも軽くしようというのが目的だ。一回に集まるのは数人から十人余だが、プライベートな問題がからむので、こぢんまりとした集いのほうがよいのだろう。

そのちばグリーフサポートの事務局が二〇二三年に毎月開かれた集いでの参加者の発言や折々のたよりから、死別後に、残された人たちが亡き人とどのような会話を交わしているかを記録している。

それらのなかから、まさに「死後生」を生き生きと感じさせてくれる印象深い言葉をここに引用させていただく。

亡き妻の写真にあいさつ

・妻を亡くした七十歳代の男性

「妻の写真を家のなかのあちこちに貼っているのです。もう家のなかは、妻の写真でいっぱいです」

・夫を亡くした七十歳代の女性

「外出するときには、仏壇の夫の写真に『出かけてくるね』とあいさつすると、『おうおう、行っておいで』と言ってくれるんです。帰ってきたときにも、『ただいま』とあいさつします」

・母を亡くした五十歳代の男性

「ＰＣの画面に母との旅行の写真を入れているんです。外出するときに『行ってくるからね』と言葉をかけ、帰宅すると、『ただいま』とあいさつをするのですが、ＰＣの母は、

『言わなくてもわかっている』と言うんです。そんな日々ですが、常に見守ってくれているように感じています」

思い出すことが供養に

・妻を亡くした七十歳代の男性

「良かったことも悪かったことも、思い出してあげることが大切だと思っています。思い出すことで、悲しみが消えるわけではないですが、思いやることが供養になるのだと思います。小さなことでも、ふと思い出すと、心が癒されます」

・妻を亡くした六十歳代の男性

「妻がいなくなってからしみじみ思うのは、私のことを本当によく考えて、何くれとよくやってくれたなということです。妻を亡くして、今は体の半分を失くしたような気持ちです。後悔と感謝しかありません」

・夫を亡くした六十歳代の女性

「口喧嘩はよくしました。でも、今はいい思い出になっています。二年前に一か月ほど入院したのですが、退院できたときには、喜んで年賀状をつくったり、廃車手続きやら、お米を六十キロも精米、料理の作り置きを沢山つくってくれたり、夫は最後と思って、いろいろしてくれました。私にとっても、夢のような一か月になっただけでなく、元気になれました。やさしくて、頼りがいがありました。毎日、仏壇の夫に話しかけています。夫が守ってくれているのを感じます」

亡き妻のメニューも頼んで

・夫を亡くした四十歳代の女性

「夫は、日頃、感謝の言葉がない難しい人でしたけれど、亡くなる前、『こんないいところに入院させてくれてありがとう』と言ってくれました。これが、あの人の一生分の『ありがとう』だったのだと思います」

・妻を亡くした七十歳代の男性

「妻の祥月命日には、レストランに行って、妻の分も頼んで、あれこれ想像しながら話をして食べると楽しいです。妻が亡くなって七年経ちますが、毎日仏壇の妻と話をしています」

・母と夫を亡くした七十歳代の女性

「亡くなったときの感じが、母と夫では違いますね。母は九十五歳だったので、『長い間、お疲れさまでした』という気持ちで見送りました。これに対し、夫の場合は、夫のほうから、『忘れないで』と合図を送ってきている感じでした。それだけに、『夫はもっと生きたかったのでは……』という思いが残っています」

母の体の温もりが

・母を亡くした五十歳代の女性

「小さい頃に、母のこぐ自転車の後ろで、母のお腹に両手でぎゅうとしがみついていたときの、母の体の肌の柔らかさ、温もりなど、体の感触を覚えていましてね。そういうことを（グリーフサポートの）集いで思い出すことができてよかったです。長い間、忘れていたことでした」

・母を亡くした三十歳代の女性

「今まで家族が亡くなるのは他人事でした。でも、（母が亡くなって）自分が当事者になると、働いているときでも、（職場の仲間と）話がその方向に行くと、辛くなって……。主人とは、なかなか話ができません」

・母を亡くした五十歳代の女性

「母は世のなかで私の一番の理解者だったと思います。しかし、認知症になって、コミュニケーションが取れなくなって、とても残念でした。しかし、見送った後は、別の感情を持つようになりました。

母とのことを思い返すと、苦しかった日とか、いろんな日がありました。そういう日を忘れようとすると、（母のことをあえて忘れようとするようで）母が可哀そうに思えます。コロナ禍のさなかだったので、入院していた母を見舞いに行くこともできませんでした。

後悔することが、後から後から出てきます。これが最後だとわかっていれば……。（私のことを心配してくれる）人には、『大丈夫、大丈夫』と言っていましたが、体は正直だと思いました。歯医者に診てもらったら、歯が割れていました。歯をくいしばっていたんです」

何の合図も来なくて

・夫を亡くした五十歳代の女性

「夫は、亡くなったら自分のほうから合図すると約束してくれたのですが、近くの海の浜辺に出て、空や海を見ても、何の合図もないんです。絶対に合図をくれると思って浜に出たのに、合図がないので、涙して帰宅します。（家にいるときは）期待してベランダに出て、月や星を見ているのですが……。でも、ネックレスが合図で揺れるような気がするときもあるんです」

・夫を亡くした七十歳代の女性

「入院していた夫に会いに行くと、主人はにこっと笑うんです。その笑顔が……。亡くなる日、『白鳥の湖』の曲を聞いたとき、きれいな笑顔を見せて、『ありがとう』と言ってくれました。

夫が『起きたい』と言うので、抱きしめて起こしてあげると、『お前も大変だね』と言ってくれて……涙が出ました」

・夫を亡くした七十歳代の女性

「夫は何でもしてくれました。辛いこともよく聞いてくれました。十年ほど前、夫が七十歳の頃ですが、私の具合が悪くなったとき、五年間ほど、家のことをあれこれしてくれました。病院にも連れていってくれて、一時間でも二時間でも待っていて、文句も言いませんでした。温和な夫は、私の話を黙って聞いてくれました。私は感謝の気持ちはあるのですが、(責めるような) いろんなこと言っちゃったんです。今になって可哀そうだったと思います。最近は亡き夫が近くで見守ってくれていると思えるようになって、家のなかに写真を飾るようになりました」

以上のような亡き夫や亡き伴侶との心のなかでの対話を読むと、残された人の心のなかでは、亡き人の存在が肌触りや生活の雑事のこなし方や言葉づかいなどによって生き生きと息づいているのだなあと、心に染み渡る思いを感じる。まさに〈「死後生」とは単なる観念的なものではなく、極めてリアルな、実在するものなのだ〉と、私には思えてならないのだ。

*

10章

「人生の最終章」を支えた言葉たち

「私の生涯は今日から始まるのだし、これからが本番なのだ。……ありがとう、ありがとう、よく話して下さったわね」

主婦　原崎百子

——三重県桑名市にある日本基督教団桑名教会の牧師夫人・原崎百子さんが、進行肺がんになっていることを、夫の原崎清牧師から告げられた夜に綴った日記の文だ。

百子さんは、日記を次のように続ける。

「それでもやはり私はリンゴの樹を植える。昨日、『明日やろう』と決めたこと——二郎に助動詞を復習してやること、忠雄の勉強の相手をすること——をやっぱりやりましょう。」

ここに記された「私はリンゴの樹を植える」とは、十六世紀の宗教改革者・マルティン・ルターの言葉として伝えられる「たとえ世界が明日終わりであっても、私はリンゴの樹を植える」を、いわば引用したものだ。ルターのこの名言は、どれだけ多くの苦悶する人々の心の支えになったかわからない。

そして、百子さんは、「やっておきたいこと、やりたいこと」を箇条書きで具体的に列記し、その最後の項目には、「いつも通りの『お母さん』でいよう」と記したのだった。

原崎氏の心に刻まれた百子さんの最後の言葉は——

「四十三年生きてきて、とても面白かった、楽しかった」

百子さんの言葉の数々は、まさに「死後生」の証と言うべき言葉と言えるだろう。

——柳田『ガン 50人の勇気』より

「何かを書き付けなければならない衝動が急激に湧き起こったのだ。とにかく書かなければ、記録しなければ生きている証しが消滅してしまいそうだ。（中略）書くことが私を落ち着かせてくれそうな気がした」

医師　西川喜作

――国立千葉病院神経科医長・西川喜作氏が、がんの再発転移による再入院のショックのなかで、突然日記を書こうと思った心情の手記だ。

西川氏は再入院の日の夜、『文藝春秋』（七九年十一月号）掲載の柳田著『ガン 50人の勇気』を読み、すぐに私に長文の手紙をくださった。そのなかの一部――

〈「たとえ世界が明日終りであっても、私はリンゴの樹を植える」という文章は、癌が宿って癌とわかった時以来、私の気持に似通ったものがあり、深く胸をうたれました。国立がんセンターの杉村隆先生（当時の名誉総長）の「死とはその人の人生が短期的に integrate（インテグレート＝集積）されて出てくるものではないか」という言葉は、私の心をこれ程強く打ち、励まし、力づけつつあるものはありません。〉

西川氏は、死と死を前にした生き方に寄り添わない当時（七〇年代末～八〇年代はじめ）の医学・医療への批判を、二年後に旅立つまでに一冊の手記『輝やけ 我が命の日々よ』（新潮社）にまとめ、その伴走役を務めた私は、死の臨床創世記の記録『「死の医学」への序章』（同）を書いた。

――柳田『「死の医学」への序章』より

「春の桜、夏の海、秋の紅葉、冬の雪景色、生きていればすばらしい出会いがあるのです」

日本ALS協会事務局長（一九九〇年当時）　松岡幸雄

――難病ALSを背負い苦悩する会社員だった西尾健弥さんに対し、松岡さんが同じALS患者のいわば〝先輩〟として、生きようとする気持ちを取り戻すように語りかけた言葉だ。

松岡さんの美しく力強い言葉に、五十歳前だった西尾さんは、《そうだ、積極的に生きよう》と決意し、妻とともに東京近郊から故郷の石川県小松市に移住した。幸運にも、小松市では難病や末期がんの患者に対する緩和ケアと心の支援をする在宅ケア医療支援のボランティアグループが立ち上げられるところだった。そのグループの人々が西尾さんの生き方を支援することになった。西尾さんの一番の願望は、「妻を連れて能登半島一周の旅をしたい」だった。グループは、西尾さんの希望をかなえてあげようと、車六台を連ね、西尾さん夫妻を乗せて、能登半島奥地の温泉に一泊二日の旅を実現した。その旅は、西尾さんに病いを背負いつつも前向きに生きる意識を息づかせたのだ。

——柳田『「人生の答」の出し方』より

「身体がダメな分だけ、心が豊かになりたいものだ」

物理学者　土田哲也

――腎がんで亡くなった茨城大学理学部教授・土田哲也氏が病床で折々に語った言葉を、妻・倫里江《のりえ》さんが大学ノートに記録していた。

妻・倫里江さんは、大学ノートの記録などをもとに、土田氏の死後、追悼記『道程《みち》輝きて』をまとめた。その追悼記から倫里江さんの述懐の一部を――

〈今になって、当たり前と思って過ごした健康な日々が、とても頼りないもののように思えてくる。（中略）それなのに何と悠々と過ごしてきたことか。いつ落ちるかも知れない崖淵を、それとも知らず駆けていたような。同時に、すでにいろいろな意味で苦闘していた人々の痛みも、本当には知らずに過ごしてきたのだと思う。

そのまま暮らせれば、幸せには違いないと思う。けれど、それはまたある意味で人生を知らずに過ごしてしまうことになったのではないかと思う。健康に生きている日々のかけがえのなさ、苦しみの中で生きることの意味、今まで見えていながら見えず、聞いていながら聞こえなかった世界が、私の前に奥深く広がっていく。〉

――『同時代ノンフィクション選集　第1巻「生と死」の現在』所収の『道程輝きて』より

「疲れたと思ったら負けだ。エイッ、と気合いを入れて書き始めるのだ」

評論家　平野謙

――食道がんの手術を受けた後、摂食に不自由を感じながらも、自宅で執筆をしていた評論家・平野謙氏の妻への言葉。

平野氏はがんの再発を恐れている気持ちを、日記に細かく綴り続けるとともに、親交のあった作家・埴谷雄高氏に、毎日のように電話で不安な気持ちを語り、埴谷氏はしばしば見舞いに訪れていた。

埴谷氏は、平野氏の執筆に向かう気力を称えて、

「前より頭が冴えてるね。いままでも、この調子でやってればよかったのに」

と、ひやかしの言葉さえかけたのだった。

——柳田『ガン 50人の勇気』より

「負けん気――これが、どうも患者にとって重要らしい。
『癌なんかに負けてたまるか』という気持ちが大事なのだ」

俳優　芦田伸介

――俳優・芦田伸介氏は、肝臓がんが進行して、からだがかなりきつくなっても、テレビドラマや舞台の仕事を続けていた。そのしぶとい生き方を、自伝のなかで、こう書いた。

芦田氏は、さらにこう続けている。

〈「俺にはまだまだやり残したものがたくさんあるし、これからやらなければならないこともたくさんある。癌には申し訳ないが、ちょっとやそっとで、お前さんに白旗を上げるわけにはいかないんだ――」

私はいつもそう思っている。

これが、私の闘いへの準備なのだ。

まず精神で負けない。（中略）

私が「いま、癌なんかに負けるわけにはいかないんだ」と思えば、身体だって、「そうですよ。負けてたまるか、その意気です。こっちも精一杯がんばりますから、いつも元気な空気を吹き込んでおいてくださいよ」と言う。〉

治療が始まって四年経ち、八十一歳になっても「現役」を続けたが、さすがにその年の暮れには入院を余儀なくされ、年明けに永遠の旅に出た。

――柳田『新・がん50人の勇気』より

「新聞記者になりたいと思った／新聞記者になった／……明白な説明を受けて
癌と闘った／……いつこの世を去ろうとも／悔いはひとつもない／ひとつも」

ジャーナリスト　千葉敦子

――進行した乳がんを抱えながらも、ニューヨークから『「死への準備」日記』の原稿を「週刊朝日」に送り続けたフリージャーナリストの千葉敦子さんの言葉だ。

千葉さんは、乳がんと診断されるや、闘病宣言と言える内容の『乳ガンなんかに敗けられない』を書き始めた。前掲の文は、次のようになっている。

〈新聞記者になりたいと思った／新聞記者になった／……ニューヨークに住みたいと思った／ニューヨークに住んだ／毎晩劇場に通った／毎日曜日祭りを見て歩いた／作家や演出家や画家に会った／明白な説明を受けて癌と闘った／……私が人生に求めたものは／みな得られたのだ／いつこの世を去ろうとも／悔いはひとつもない／ひとつも〉

かつては、家や病院のなかのプライベートで密やかな営みであったがんとの闘病を、闘病記などで公の場にさらけ出す一九八〇年代以降の「闘病の社会化」「死の社会化」の時代潮流を、千葉さんの手記は象徴するものだった。

——千葉敦子『「死への準備」日記』より

「死というのは、そんなに大袈裟なことではないんや。死は怖いことではない、みんなに起こることなんだ」

医療倫理学者　中川米造

――実践的な医療倫理の提唱者で大阪大学名誉教授の中川米造氏ががんの再発転移にもかかわらず、講義や講演を続けたなかでの言葉。

「肉体は死ぬけど、自分は死にません」

「病とは、戦うんじゃなくて、仲良くつき合って行ったらいい。戦うなんて不遜なことを考えるのではなく、共存共栄や」

「私は平気なのに、みんなそんな顔をするんだよねえ。『がん』という響きに負けちゃだめですよ。人間は生まれた時から、日々死に向かって進んでいる。病気であろうがあるまいが、それは変わりません」

大学では研究室に簡易ベッドを運びこんで、体を休めては、教壇に立ったりゼミに出たりしていた。夫人によると、若い人たちに自分の話を伝えておきたかったのだという。

「終末を迎えつつある人間が終末医療の講義をするんだから説得力があるだろう」等々、

「たとえ死ぬとも生き抜く」という「死生観」を貫いた医学者だった。

——柳田『新・がん50人の勇気』より

「僕は、最初の胃痙攣の手術以来、こうして四十年間も、生かされてきたんだ。これまでの人生はオマケなんだ。本当に、感謝なんだよな。本当に、本当に、感謝なんだよな」

評論家　山本七平

――評論家・山本七平氏がすい臓がんとわかったとき、病室の壁に向かって叫んだ言葉。「感謝なんだ、感謝なんだ」と、繰り返した。

山本氏は、かつて自分の書店が漏電による火災で全焼したとき、燃え盛る家に近づき叫び続けた。

「転んだら、起きればいいんだ。転んだら、起きればいいんだ。転んだら、起きればいいんだ」

がんが進行してから在宅ケアを受け、そんななかで、生きる意志の強さをキリッとした表情で言葉に出していた。

「僕はね、このがんには負けやしないぞ。僕の精神と魂は、絶対にがんにおかされはしない」

——柳田『新・がん50人の勇気』より

抱き起されて妻のぬくもり蘭の紅

新聞記者・俳人　折笠美秋

――俳人で東京新聞記者だった折笠美秋氏が難病ＡＬＳが進行する中で病床で詠んだ、介護してくれる妻への愛の讃歌だ。

言葉は妻が五十音表を指でなぞって一字ずつ拾ってくれる。愛の讃歌は、とめどなく詠まれていく。

七生七たび君を娶らん吹雪くとも
微笑が妻の慟哭雪しんしん

折笠氏は、生きることの意味につけて、深い思索をめぐらせ、妻に日記に記録してもらっていた。その一節――

〈光の中に在る間を「生」という。しかし生涯を地中深くや海底の漆黒の中で送る生物もある。闇の中でも志高く生きる事は出来るのかも知れない。〉

――折笠美秋『君なら蝶に』『死出の衣は』より

「私もそう（即身成仏）なりたい。そのために修行してきたんですから」

僧侶　高田真快

――東京・江戸川区の真言宗唐泉寺の住職・高田真快和尚の担当医に対する意思表示。

のどのがんが進行して危機的な病状になっているなかで、自分の寺の本堂で自然死による大往生を遂げたいと願う真快和尚に対し、在宅ホスピスケアに取り組んでいた川越厚医師が、今後予想される経過について、率直に伝えた。

「口から食べられるのであれば、いま点滴をする必要はないと思います。徐々に口から食べられなくなり、水も飲めなくなって死を迎える。それが自然死というものでしょう？　昔、洞穴にこもって五穀を断ち、最後は水まで断ち、亡くなった修行僧がいたじゃないですか。そのような死を迎えることになります」

真快和尚は、このような最期の迎え方を、「即身成仏」と受け止めて、川越医師に冒頭のように心情を吐露したのだ。

——柳田『新・がん50人の勇気』より

「おれが今日、明日に死ぬかも知れないのはわかっている。間に合わないといけない。いますぐ（洗礼を）やってもらいたいから、君を呼んだんだ」

作家　中山義秀

――食道がんの手術後、四年経って白血病を発症し、余命はないとわかった作家・中山義秀氏が友人の朝日新聞記者で牧師でもあった門馬義久氏に病室で吐露した言葉だ。

門馬氏は、洗礼の儀式の条件が整っていないので、はじめ断ったが、中山氏の真剣さに負けて、儀式を行った。洗礼が済むと、中山氏は明るい顔になって言った。

「広い世界が目の前に開けたようだな」

続けて中山氏の求めに応じて、新約聖書『マタイによる福音書』第六章の「主の祈り」を、門馬氏のリードで中山氏も朗読した。その最後、「悪しき者からお救いください」を読み終え、門馬氏が「アーメン」と唱えると、中山氏も「アーメン」と祈った。門馬氏の目に、中山氏の元気が出たような明るい顔が映った。中山氏は、翌日静かに息を引き取った。

――柳田『ガン 50人の勇気』より

「がんと診断されても、ぼくはショックを受けてないです。がんのケアとキュア（治療）をやってきたつもりでしたが、（中略）神がお前もがん患者になって、真に患者体験をしろと言っているように受けとめています」

神戸の開業医　河野博臣

——一九九〇年代に開業医として先駆的にがん患者の終末期ケアに取り組んでいた河野氏が、自ら胃がんとわかったときの言葉。

一九七〇代後半に、柏木哲夫、関西、関東の医師、看護師、心理学者などが、英国やアメリカなどで広まったホスピス建設とターミナルケアの活動に刺激を受けて、日本死の臨床研究会を立ち上げたとき、河野医師も積極的にメンバーに加わっていた。河野医師は、すでに一九七四年に医学書院から『死の臨床――死にゆく人々への援助』を出版するなど、当時まだ一般には普及していなかったターミナルケアに自分の小規模な医院の入院病床で取り組んでいた。その河野医師が自ら胃がんと診断されたとき、私宛の手紙に綴っていたのが、右の言葉だ。河野医師は数年後に亡くなるまで、私に面談や手紙で様々な思いを語ってくださった。

――柳田『「人生の答」の出し方』より

「いのちは神に委ね、身体は医師に委ね、生きることは自分が主体」

作家　重兼芳子

――がんが進行していることがわかったとき、医師に診断の詳しい内容の説明は要らないと言った作家・重兼芳子さんの死生観。

十九歳でキリスト教の洗礼を受けた重兼さんの信仰は全身に染み渡るほど深いものだった。重兼さんにとって、自分が知りたい自己とは、内面世界における自己のことで、形而上学的な意味でそういう自己の探究に興味を持っていたのだった。右に掲げた言葉は、そのような重兼さんの信仰と思想からほとばしり出たものだった。医師とは、重兼さんが診療とケアを受けた当時、東京・小金井市の聖ヨハネ会桜町病院のホスピス医だった山崎章《ふみ》郎《お》医師のこと。

がんの進行と治療の苦しみについても、次のような思いで乗り越えている。

〈転移、再発、そのあとの終末を想像すれば、身の毛がよだつほど怖ろしい。（中略）（しかし）十字架上で苦しみの極致を体験されたキリストが、ともに私の恐怖を背負ってくださっている。〉

――柳田『新・がん50人の勇気』より

初出一覧

1章　書き下ろし
2章　日本尊厳死協会会報「リビング・ウイル」2020年4月号
3章　（1）日本尊厳死協会会報「リビング・ウイル」2022年1月号
（2）「文藝春秋」2020年12月号
4章　（1）「文藝春秋」2017年9月号
（2）「読売新聞」2020年9月21日
（3）ブックレット『朔』創刊1号（2019年9月刊）
（4）『災害看護の本質　語り継ぐ黒田裕子の実践と思想』
（柳田邦男、酒井明子・編著、日本看護協会出版会、2018年6月刊）
5章・書き下ろし
6章　（1）「PHP」2019年8月号
（2）『明日はきっと、いい日になる。』（「PHP」編集部・編、PHP研究所、2018年12月刊）
（3）「悲しみは真の人生の始まり――絵本『なみだ』に寄せて」
（細谷亮太・文、永井泰子・絵『なみだ』（ドン・ボスコ社、2011年3月刊）の折り込み栞）
（4）「週刊東洋経済」2013年10月26日号
（5）「週刊読書人」2015年3月6日
7章　「現代思想」2023年5月臨時増刊号「総特集　鷲田清一」
8章　『arc/16』（レイライン、2012年10月刊）
9章　書き下ろし
10章　書き下ろし

初出紙誌に加筆修正して構成しました

柳田邦男（やなぎだ・くにお）
1936年、栃木県生まれ。ノンフィクション作家。現代社会における「いのちの危機」「こころの危機」をテーマに、災害、事故、公害、社会的事件、障害者、病気、戦争などの問題について取材を続け、『マッハの恐怖』『ガン回廊の朝』『零戦燃ゆ』など数多くのドキュメント作品や評論を発表してきた。最近は、喪失体験者のレジリエンス（再生）の問題や、人生の最終章の生き方、デジタル化社会の中での子どものこころの発達の問題に取り組んでいる。近書に『この国の危機管理　失敗の本質』『人生の1冊の絵本』『自分を見つめる　もうひとりの自分』などがある。

「死《し》後《ご》生《せい》」を生《い》きる
人生《じんせい》は死《し》では終《お》わらない

二〇二五年一月三〇日　第一刷発行
二〇二五年六月二五日　第二刷発行

著者　柳《やなぎ》田《だ》邦《くに》男《お》
発行者　大松芳男
発行所　株式会社　文藝春秋
〒一〇二-八〇〇八
東京都千代田区紀尾井町三番二十三号
電話　〇三-三二六五-一二一一

印刷・製本　萩原印刷

ISBN 978-4-16-391937-9